FRANCE & AMÉRIQUE

LÉON CHOTTEAU

MES DEUX CAMPAGNES

AUX

ÉTATS-UNIS

1878-1879

AVEC UNE INTRODUCTION

PAR

AUGUSTE DESMOULINS

SECRÉTAIRE DU COMITÉ FRANÇAIS

PARIS

AU SIÈGE DU COMITÉ FRANÇAIS, 39, AVENUE DE L'OPÉRA

ET CHEZ JEANMAIRE, ÉDITEUR, 33, RUE DES BONS-ENFANTS

1879

DU MÊME AUTEUR

LA GUERRE DE L'INDÉPENDANCE
1775-1783

LES FRANÇAIS EN AMÉRIQUE
Un Volume de 450 pages, avec des documents inédits
GEORGES CHARPENTIER, Éditeur, Paris.

LE PARLEMENT UNIVERSEL
Ouvrage couronné
par la Alumni Association of Haverford College
de Philadelphie.

MES DEUX CAMPAGNES

AUX ÉTATS-UNIS

PARIS — IMPRIMERIE DE LA PUBLICITÉ, 18, RUE D'ENGHIEN

REVERCHON & VOLLET

FRANCE & AMÉRIQUE

LÉON CHOTTEAU

MES DEUX CAMPAGNES

AUX

ÉTATS-UNIS

1878-1879

AVEC UNE INTRODUCTION

PAR

AUGUSTE DESMOULINS

SECRÉTAIRE DU COMITÉ FRANÇAIS

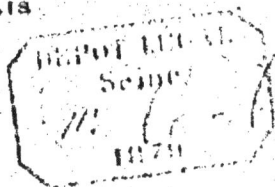

PARIS

AU SIÉGE DU COMITÉ FRANÇAIS, 32, AVENUE DE L'OPÉRA

ET CHEZ JEANMAIRE, ÉDITEUR, 32, RUE DES BONS-ENFANTS

1879

INTRODUCTION

———

Les pages qu'on va lire contiennent les discours prononcés par M. Léon Chotteau dans les principaux centres de commerce des Etats-Unis, durant les deux campagnes qu'il y a faites en vue de la conclusion d'un traité de commerce franco-américain.

M. Chotteau visitait l'Amérique comme délégué d'un Comité français formé, vers janvier 1878, sur l'initiative de M. E. Menier, membre de la Chambre de commerce de Paris, et député de Seine-et-Marne.

Avant de raconter les actes de ce Comité et les deux campagnes de son délégué en Amérique, nous devons exposer brièvement l'état présent des relations commerciales de la France et des Etats-Unis, et le plan adopté par le Comité français dans le but d'améliorer ces relations par un abaissement réciproque des tarifs douaniers des deux pays.

I

Une comparaison aidera le lecteur à se rendre compte du caractère anormal des relations actuelles de l'Amérique et de la France sous le rapport si essentiel du commerce.

En 1877, l'Angleterre, qui ne compte que trente millions d'habitants, a acheté chez nous des produits pour plus d'un milliard.

La même année, les Etats-Unis, avec une population de plus de quarante millions, n'ont acheté des produits français que pour environ 216 millions de francs.

D'où vient cette énorme différence ?

De ce fait que notre pays et la Grande-Bretagne sont unis par un traité de commerce libéral qui favorise les échanges entre eux, tandis que les Etats-Unis et la France ne sont liés par aucune convention de ce genre et qu'en l'absence de tout traité de commerce, ils appliquent réciproquement aux produits de l'un et de l'autre pays des tarifs exorbitants et souvent même prohibitifs.

Cette politique douanière cause au commerce des deux républiques un préjudice qu'il est impossible d'exprimer par des chiffres précis, mais que l'on peut cependant apprécier approximativement en continuant la comparaison que nous faisions plus haut.

Ainsi, grâce au traité de 1860, l'Angleterre, en 1877, nous a vendu pour 576 millions de ses produits.

Or, dans cette même année, les Etats-Unis n'ont importé en France que pour 257 millions de leurs produits. Nos tarifs élevés leur ont donc fait subir une perte qui est déjà de plus de 300 millions, si l'on ne considère qu'un groupe de trente millions de leurs habitants, mais qui s'accroît singulièrement, si l'on tient compte du chiffre réel de la population de l'Union américaine, de l'énorme étendue de son territoire et de l'importance incalculable de ses richesses naturelles.

Cette même politique douanière cause au commerce français un préjudice annuel qu'on peut évaluer à 750 millions, puisqu'il est naturel de penser qu'avec une population de plus de quarante millions, les Etats-Unis consommeraient annuellement au moins autant de produits français que l'Angleterre, s'ils jouissaient des mêmes tarifs libéraux.

Le détail des articles jette d'ailleurs une vive lumière sur la question.

Veut-on savoir, par exemple, pour combien les machines et les articles sortis des manufactures américaines entraient dans ce chiffre de 257 millions de produits des Etats-Unis importés chez nous en 1877 ?

Pour deux millions de francs seulement.

Tous les autres articles entraient sous la dénomination de cotons et pétroles bruts, choses nécessaires à l'alimentation comme graisses, viandes salées, céréales.

Voyant leur industrie si maltraitée par la douane française, les Etats-Unis sont peu portés à modifier en notre faveur leur propre tarif.

Aussi, dans cette même année 1877, nos exportations aux Etats-Unis n'ont-elles atteint que le chiffre de 216 millions, tandis que, l'année précédente, elles étaient de 250 millions.

La diminution est, comme on le voit, très-sensible; elle s'accuse plus fortement encore, si l'on se reporte à l'année 1850, où notre pays a vendu aux Etats-Unis pour 304 millions de ses produits.

Quelle est la cause de cette diminution croissante de l'exportation française aux Etats-Unis?

Les tarifs élevés que l'Amérique a cru devoir établir à l'égard des produits étrangers après la guerre de sécession.

M. Menier signalait cette cause quand il disait, en décembre 1877, dans une lettre adressée à M. Léon Chotteau :

« En 1810, comme en 1865, les Américains ont commis une
« grande faute commerciale; ils ont voulu faire payer leurs
« dettes par l'étranger, en surélevant leurs droits de doua-
« nes. Qu'en est-il résulté ? C'est que le commerce étranger
« s'est écarté d'eux » (1).

Le mal ainsi défini, le remède était tout indiqué; il fallait essayer d'obtenir du gouvernement des Etats-Unis un abaissement de ces tarifs, et, pour cela, nous montrer prêts à accueillir nous-mêmes les produits américains à des conditions moins dures.

Or, la loi exigeant que le tarif général fût appliqué à toutes les nations qui ne seraient point liées avec la France par des traités spéciaux, il n'était possible d'améliorer les conditions faites aux produits américains à leur entrée dans nos ports qu'au moyen d'un traité de commerce à conclure entre la France et les Etats-Unis : de là donc la nécessité de propager dans les deux pays l'idée d'un pareil traité.

II

Un Comité dont on trouvera plus loin la composition se

---

(1) Voir la brochure intitulée : *Le Traité de commerce franco-améri-cain*, avec une préface par M. Menier.— Paris, 1878, p. 11-12.

forma dès les premiers jours de 1878, en vue de cette propagande indispensable. Il publia le 3 février un « Appel aux Américains » qu'on lira quelques pages plus bas.

Cet appel marquait avec précision, dès l'origine, le but poursuivi ; on y lisait :

« Ecartant les solutions absolues, les transitions trop
« brusques, nous acceptons le moyen pratique de l'abaisse-
« ment des tarifs.

« Au surplus, c'est sur ce terrain, où l'accord est facile,
« que s'est dernièrement placé M. J. Sherman, votre mi-
« nistre des finances. Le sixième rapport de la commission
« nommée par M. Sherman dans le but de modifier les lois
« du revenu douanier en Amérique, constate que les articles
« frappés sont au nombre de plus de 2,500, dont 823 paient
« des droits *ad valorem* de 10 à 75 pour cent, 511 des droits
« spécifiques, 144 subissent des taxes complexes, 1,000, bien
« que non énumérés, sont toujours atteints.

« Ces 2,500 articles ne donnent pas à votre trésor les mil-
« lions que lui fourniraient quinze ou vingt articles soumis
« à des droits d'entrée modérés. »

L'appel invitait, en terminant, les Américains à former de leur côté à Washington un comité national qui pourrait combiner son action avec celle du Comité français, de manière à réunir à Paris, durant l'Exposition, des délégués du commerce et de l'industrie des deux nations dans une grande conférence franco-américaine, laquelle aurait ainsi qualité pour poser les bases d'un traité de commerce.

III

Cet appel une fois rédigé, il fallait envoyer en Amérique un délégué chargé de développer devant les Chambres de commerce des Etats-Unis, les vues du Comité français. Ce délégué était d'ailleurs désigné d'avance par des aptitudes toutes spéciales, par les connaissances étendues qu'il possède sur le commerce des deux pays, et par les relations personnelles qu'il s'était créées dans les divers Etats de l'Union durant un long séjour en Amérique : un publiciste français, M. Léon Chotteau, avait, en effet, visité les États-Unis dès 1867 ; il avait étudié de près les institutions, les mœurs, les immenses ressources de ce pays. Il s'était lié avec un grand nombre d'hommes politiques, de publicistes, de commerçants, de manufacturiers américains. De retour en France, il avait publié en 1876, une histoire de la guerre de l'Indépendance (1), livre fort remarqué tant en France qu'en Amérique, où il arrivait à propos, puisque les États-Unis célébraient alors, par une Exposition universelle, le centenaire de leur libération.

M. Chotteau, en outre, avait été l'un des premiers à signaler dans la presse les avantages qui résulteraient de la conclusion d'un traité de commerce franco-américain, et il avait publié dès le mois de décembre 1877, une brochure sur ce sujet.

Le Comité ne pouvait hésiter ; il choisit M. Léon Chotteau et lui fournit les moyens de se rendre en Amérique.

La Compagnie transatlantique s'associa dès l'origine à notre œuvre, en donnant au délégué français le passage gratuit sur ses magnifiques steamers.

M. Chotteau s'embarqua au Havre le 2 mars 1878 sur le vapeur la *France*. Arrivé à New-York le 14, il commença deux jours après la campagne par une conférence au *Free Trade Club* de cette ville, visita tour à tour Boston, Washington, Baltimore, Philadelphie, la Nouvelle-Orléans, Cincinnati, Saint-Louis, Chicago et San-Francisco ; parla devant toutes les Chambres et tous les Bureaux de commerce (*Boards of Trade*), et réussit à intéresser tous ces groupes à l'œuvre du Comité et à les décider à envoyer des délégués à la conférence qui devait se réunir à Paris le 7 août.

Ayant quitté New-York le 12 juin sur le *Saint-Laurent*, il apprit en arrivant au Havre le 24 que les négociants de cette ville s'étaient entendus pour lui offrir un banquet qui eut lieu à bord même du steamer.

_____

(1) *La Guerre de l'Indépendance, 1775-1783. Les Français en Amérique*, un volume de 450 pages, avec des documents inédits. — G. Charpentier, éditeur, Paris.

A une séance du Comité, tenue le 2 juillet à Paris, à l'hôtel des Chambres syndicales, il rendit compte de sa mission. On apprit alors qu'un Comité américain s'était formé à Washington. On lut une adresse envoyée par cette réunion au Comité français en réponse à l'Appel du 3 février. Nous détachons de ce document daté de Washington, 6 juin 1878, le passage suivant :

« La diversité des produits naturels et des industries des « deux pays est si grande qu'ils ne peuvent être rivaux. « Chacun d'eux produit, dans une grande mesure, ce dont « l'autre a besoin, et nous ne pouvons comprendre qu'au- « cune théorie politique puisse empêcher que les relations « commerciales les plus étroites ne s'établissent entre des « nations ainsi placées.

« Les États-Unis regorgent de produits qui devraient « trouver un marché en France, et si nous vous achetons, le « résultat naturel et inévitable est que vous achèterez chez « nous.

« En conséquence, nous sommes disposés à coopérer cor- « dialement, à appeler l'attention du public en France et aux « États-Unis sur les grands avantages qui doivent résulter, « pour l'un et l'autre pays, d'un tarif conventionnel réglant « les droits d'importation, de manière à accroître le com- « merce et à développer les ressources de tous les deux éga- « lement.

« Nous croyons, comme vous, que le meilleur moyen de « rendre un pareil changement efficace et profitable aux « deux nations, c'est que l'initiative en soit prise, après mûr « examen, par des hommes pratiques, et nous approuvons « cordialement la proposition que vous nous avez faite de « combiner nos efforts avec les vôtres pour préparer les voies « à la réunion d'un Congrès franco-américain. »

Ainsi M. Chotteau avait obtenu le résultat désiré : un Comité s'était formé à Washington; ce Comité était de tous points d'accord avec le Comité français; des délégués américains allaient se réunir à Paris. C'était un premier succès.

IV

La Conférence franco-américaine siégea les 7, 9 et 11 août 1878. Cent délégués y prirent part : cinquante Américains et cinquante Français.

Une commission de seize membres fut chargée de jeter les bases du traité. Nous citerons parmi les membres américains MM. Nathan Appleton, Félix Limet, Cornelius Roosevelt, James Hodges et Emile Karst. Les huit membres français étaient MM. Foucher de Careil, sénateur; D. Wilson, M. Rouvier, Pascal Duprat, députés ; P.-A. Delboy, conseiller général; Armand Lalande, président de la Chambre de commerce de Bordeaux; L. Hélard, président du Syndicat général de l'Union du commerce et de l'industrie, et Auguste Desmoulins, publiciste.

Cette commission discuta, modifia et adopta un projet qui avait été préparé par deux de ses membres, MM. Félix Limet et A. Desmoulins. Ce document, soumis à la conférence générale, fut approuvé par celle-ci le 11 août.

Il avait la forme d'un « Mémoire adressé au Congrès de « Washington et aux Chambres françaises par les membres « de la Conférence franco-américaine. » Il signalait les inconvénients des tarifs douaniers de la France et des Etats-Unis, indiquait les causes de la diminution du commerce entre les deux pays, constatait la nécessité d'un traité franco-américain, et établissait ainsi qu'on va le voir les lignes générales de ce traité :

D'une part, « le gouvernement de la République française, « s'il est favorable à ce projet, s'engage à admettre, pendant « la durée du présent traité, les produits naturels et ouvrés « d'origine et de manufacture des Etats-Unis en France aux « taux des droits du tarif conventionnel, tel qu'il résulte « des traités conclus entre la France, la Grande-Bretagne et « d'autres pays. »

D'autre part, « le Président des Etats-Unis, s'il favorise ce « projet, et en vue de le compléter, recommandera au Con- « grès de Washington, l'adoption d'un projet de loi rédui- « sant dans les proportions suivantes les droits à perce-

« voir sur les produits français importés en Amérique. »

Le projet proposait ensuite les réductions qui, après un premier examen, avaient paru le mieux justifiées et le plus acceptables; mais il restait bien entendu que ces bases n'avaient rien de définitif, et que les Chambres de commerce américaines et françaises seraient appelées à discuter tous les points de détail.

Le but unique de la Conférence, en adoptant ce projet, était de fournir aux industriels et aux commerçants des deux pays, un canevas sur lequel ils pourraient indiquer tous les abaissements de tarif qui leur paraîtraient désirables et compatibles avec leurs intérêts.

En agissant ainsi, la Conférence suivait l'exemple qui lui avait été donné dès le début du mouvement par le Comité français, lequel ne s'était prononcé pour aucun système économique et ne cherchait qu'une réforme des tarifs douaniers. On verra plus loin que M. Chotteau, dans tous ses discours, a pris grand soin d'établir qu'il n'était ni protectionniste, ni libre-échangiste et qu'il ne poursuivait d'autre but que l'amélioration des relations commerciales des deux grandes Républiques.

Grâce à cette attitude, la Conférence franco-américaine siégea trois jours dans un esprit de concorde et de bienveillance réciproque qui ne se démentit pas un seul instant. Le travail préparatoire des commissions, qui dura près de deux semaines, avait établi entre les délégués une grande cordialité. Ce sentiment s'accrut encore dans les réunions qui suivirent, et quand les délégués des deux nations se retrouvèrent au meeting franco-américain qui eut lieu au Cirque d'été, le 1er décembre 1878, il donna à cette solennité le caractère d'une véritable fête de famille.

Ce fut réellement une fête que cette réunion, dans laquelle on entendit tour à tour, un conférencier aussi essentiellement français que M. Edouard Laboulaye, et un Américain comme le gouverneur Fenton, ex-sénateur à Washington de l'État de New-York. On y voyait siéger un grand nombre de nos sénateurs, de nos députés, de nos conseillers généraux et municipaux, des représentants de notre commerce et de notre industrie, des publicistes éminents, des membres de l'Institut, à côté du général Noyes, ministre plénipotentiaire des États-Unis; de M. le gouverneur Fairchild, consul général; de M. Robert Hitt, secrétaire de la légation; de beaucoup de délégués des Chambres de commerce des États-Unis, et des membres les plus distingués de la colonie américaine. Le parquet et les galeries étaient remplis de dames, parmi lesquelles un grand nombre d'Américaines rivalisaient de grâce et de distinction avec nos Françaises les plus élégantes. Le Comité français avait fait, d'ailleurs, tous ses efforts pour que la fête fût digne d'une telle assistance. La garde républicaine exécutait, entre les discours, les plus beaux morceaux de son répertoire, et son chef éminent, M. Sellenick, eut le bon goût de faire précéder le speech de M. Fenton de l'hymne national des Américains, *Hail Columbia!* rendu avec un ensemble admirable, au milieu des bravos enthousiastes des quatre mille assistants et de l'émotion visible des Américains, touchés de cette attention.

Enfin, le Président du meeting, M. Foucher de Careil, fit les honneurs de la réunion avec une parfaite courtoisie, et marqua, par un discours plein d'humour et d'esprit, le vrai caractère de la fête.

M. Chotteau parla le dernier, et annonça son prochain départ pour l'Amérique. Il montra que sa première mission avait pris fin de la façon la plus heureuse par le fait de la Conférence du 9 août, où s'étaient réunis les délégués mêmes qu'il avait été jusqu'en Amérique inviter à ce Congrès; mais il ajouta, en parlant de sa mission nouvelle : « Demain, il » faudra que je discute avec les Américains, que je m'efforce » de faire pénétrer dans des esprits parfois rebelles un rayon » du vrai. J'espère, toutefois, surmonter les obstacles et ve- » nir l'année prochaine vous rendre compte de ma nouvelle » mission. »

V

Un mois après, le 5 janvier 1870, le délégué français quittait le Havre, en dépit du mauvais état de sa santé et des rigueurs de la saison. La traversée fut rude et périlleuse. La prudence du capitaine Delort, qui commandait l'*Amérique*, sauva seule ce navire, qui eut à essuyer une terrible tempête et n'arriva à New-York que le 20. Des amis personnels de M. Chotteau, des négociants membres de diverses chambres de commerce et plusieurs journalistes américains offrirent à notre délégué un dîner intime à bord de l'*Amérique*.

Quelques jours après, M. Chotteau se rendait à Washington, où il présentait au président, M. Hayes, et aux ministres les respects du Comité français. Il prononçait le 20 janvier à Boston le discours qu'on lira plus loin et qui témoigne d'études si consciencieuses non-seulement sur la question générale des tarifs ; mais sur la situation économique du Massachusetts.

Le grand secret du délégué français a été précisément d'entretenir chacune des Chambres de commerce, chacun des centres de production, des intérêts qui le touchaient le plus directement. Sous ce rapport, le livre que nous présentons à cette heure au public mérite d'attirer son attention la plus sérieuse, car il y trouvera une étude complète sur le commerce des Etats-Unis, étude qui ne se borne pas à des généralités, mais qui fournit des renseignements précis sur le mouvement économique des centres industriels les plus importants de l'Union américaine.

On trouvera à la fin de l'ouvrage, sous le titre : RÉSULTATS OBTENUS, les résolutions votées par quatorze Chambres de commerce ou « Boards of Trade », dont plusieurs, comme ceux de la Nouvelle-Orléans et de New-York, étaient composés de représentants de différentes branches d'industrie. Il est à remarquer que toutes ces réunions se prononcent dans un sens favorable. Les adversaires du traité avaient fait grand bruit des résistances opposées le 13 juin 1879 aux désirs du délégué français par la Chambre de commerce de San-Francisco, mais on verra que quatre jours après, « mieux informé » le Comité nommé par cette chambre pour étudier la question, a pris en sérieuse considération le projet de traité.

Indépendamment des Chambres de commerce, de simples particuliers secondèrent l'action du délégué français. C'est ainsi que M. Chotteau ayant publié le 9 février un appel à tous les producteurs, et à tous les négociants des Etats-Unis, en faveur d'un traité, une circulaire fut adressée le 19 mars par cinq notables de New-York « aux présidents des Chambres de commerce et des *Boards of Trade* des Etats-Unis, » dans le but d'appuyer, l'appel du délégué français ; voici cette circulaire :

« Vous savez, messieurs, que le Canada et l'Allemagne
« agitent la question d'une augmentation des droits qui
« frappent les produits américains ; cette action menace de
« s'étendre à d'autres nations et compromet ainsi, au plus
« haut degré, notre commerce d'exportation.

« En conséquence, nous prenons la liberté de vous faire
« remarquer qu'il serait dans l'intérêt de notre pays de trans-
« mettre, aussitôt que possible, votre réponse à la lettre de
« M. Chotteau, en date du 9 février, et relative à un traité
« de commerce entre la France et les Etats-Unis. »

Au bas de ce document, on lisait les cinq signatures que voici :

CYRUS W. FIELD, — BERGER-VANDERBILT, — JACKSON S. SCHULTZ, — ELLIOT, C. COWDIN, — JOHN W. GARRETT.

Le Comité national formé en juin 1878 à Washington s'étant dissous à la suite des élections qui ont donné naissance à la nouvelle Chambre des représentants, il était de la plus haute importance que des hommes autorisés recommandassent au public américain l'appel du délégué français. Or, il n'y avait point dans toute l'Union d'hommes plus influents que ceux dont on vient de lire les signatures. Quelques renseignements suffiront pour mettre en relief l'autorité qui s'attache à leurs noms.

M. W. Cyrus Field est l'entrepreneur courageux et persévérant des télégraphes transatlantiques. C'est lui qui, au prix d'efforts réellement inouïs, parvint à faire poser, dès le printemps de 1857, ce premier câble qui ne fonctionna que quelques jours, mais qui suffit à prouver la possibilité d'établir des lignes de communication directe à travers les océans. Il a été l'heureux constructeur des chemins de fer aériens —

elevated railroads — de New-York. C'est lui qu'on retrouve encore à la tête de la Société qui se forme en vue de l'établissement d'un câble entre la Californie et le Japon. Cette ligne nouvelle est le dernier anneau de la ceinture de câbles du globe ; aussi est-ce à l'auteur du premier câble transatlantique qu'il appartient de l'établir. Il était naturel également qu'un tel homme fût favorable à l'extension du commerce. À quoi servirait, en effet, la circulation libre de la pensée, si la circulation des produits de cette même pensée devait continuer à subir les entraves qui lui sont imposées par des tarifs surannés ?

Ancien agent consulaire de France, et décoré de la Légion d'honneur pour services rendus à notre pays, M. Francis Berger-Vanderbilt est député à la Chambre du Grand-Duché de Luxembourg. Il est, en outre, depuis plusieurs années, le consul général du duché à New-York, et réside alternativement à New-York et à Paris. Il est le créateur de la Banque nationale du Grand-Duché de Luxembourg. Son mariage avec une des filles du commmodore Vanderbilt l'attache aux intérêts des États-Unis.

M. Berger a fait preuve d'une énergie et d'une persévérance peu communes. Mêlé pendant vingt-cinq ans aux affaires, les questions économiques lui sont familières.

Jackson S. Schultz, très-riche négociant en cuirs, est l'un des membres les plus écoutés de la Chambre de commerce de New-York.

Elliott C. Cowdin est le président du Comité exécutif de cette même Chambre. Il occupe une des positions les plus élevées dans le grand commerce d'exportation des États-Unis, où il a fait une brillante fortune.

John W. Garrett est le directeur de la Compagnie du chemin de fer de Baltimore et de l'Ohio, l'une des lignes les plus importantes et les plus prospères de l'Union.

Appuyé par de tels hommes, l'appel de M. Léon Chotteau devait être entendu. Le vote unanime des Chambres de commerce et des *Boards of Trade* a montré qu'il l'avait été.

Ces résolutions des Chambres de commerce et des *Boards of Trade* devaient exercer une grande influence sur les dispositions du Congrès et des divers membres du Cabinet. On verra plus loin en quels termes le ministre des affaires étrangères répondait, en mai dernier, à la Chambre de commerce de Baltimore. On remarquera surtout la teneur de la motion votée le 23 avril 1870 par la Chambre des représentants sur la motion de M. Fernando Wood.

Cette motion, qui engage le gouvernement Américain à ouvrir des négociations avec la France en vue d'un traité de commerce à conclure entre les deux pays, a été reprise le 15 mai, dans le Sénat, par MM. Cockrell et Eaton, sous la forme d'une résolution du Congrès qui « autorise le président des États-Unis d'Amérique à ouvrir des négociations « avec le gouvernement de la République française, dans le « but de conclure et d'établir un traité de réciprocité et de « commerce avec ce gouvernement...., et, si cela est jugé « nécessaire, à nommer, d'après l'avis et avec le consente-« ment du Sénat, trois commissaires chargés de conduire, « au nom des États-Unis, les négociations préliminaires de « ce traité. »

« La rémunération de ces négociateurs, ajoute la résolu-« tion, sera fixée par le secrétaire d'État. »

Le président Hayes, le ministre des finances, M. Sherman, et M. Evarts, le ministre des affaires étrangères, dans diverses audiences accordées à M. Léon Chotteau, se sont montrés prêts à donner suite à ces résolutions, et ont déclaré ne plus attendre, pour ouvrir les négociations, qu'un signe, qu'un acte du gouvernement français qui les y encourage.

Le délégué français a donc pleinement réussi dans sa double mission en Amérique, puisqu'il a obtenu, des particuliers influents, des publicistes, des Chambres de commerce, des boards of trade, des deux Chambres du Congrès, et des divers membres du gouvernement, les déclarations les plus favorables au traité qu'il leur recommandait.

Il a obtenu même un autre succès. A peine de retour en France, il a reçu de Philadelphie une lettre lui annonçant que la *Alumni Association* de Haverford college avait couronné le mémoire qu'il lui avait adressé sur le « plan le plus praticable à suivre pour substituer la justice à la guerre dans le règlement des différends internationaux. » Le prix attribué à ce mémoire était de 1,300 francs.

VI

Tandis que son délégué menait en Amérique cette campagne aussi active que féconde en importants résultats, le Comité français ne restait pas inactif.

Afin de mettre les Chambres de commerce de France en demeure de se prononcer sur le projet de traité, il nommait M. Hippolyte Cahuzac, rapporteur général, et le chargeait d'établir des relations suivies avec des rapporteurs spéciaux, nommés dans les différents départements, de concert avec les Chambres de commerce et les consuls des Etats-Unis.

Le Comité formait ensuite une Commission d'études, composée de MM. L. Simonin, P.-A. Delboy, et Brulatour. Sur la proposition de M. Delboy, cette commission formula un questionnaire qui fut adressé à toutes les Chambres de commerce par les soins de M. Cahuzac, son président.

Présenté par un homme à qui sa fortune, sa longue expérience des affaires, et sa compétence reconnue assurent une grande influence, l'appel de la Commission d'études fut entendu. Les Chambres de commerce se saisirent de notre questionnaire; des rapporteurs spéciaux furent chargés d'y répondre, en quelques mois le Comité fut en possession de près de trente rapports fournissant des renseignements précis et d'une incontestable autorité sur les points qui lui étaient soumis.

Tous ces rapports concluent en faveur du traité projeté. Ils sont destinés, d'ailleurs, à exercer une action d'autant plus décisive sur les résolutions du gouvernement, qu'ils émanent d'hommes dont la compétence ne saurait être contestée.

En effet, les réclamations du commerce des vins sont présentées par M. Balaresque, rapporteur de la Chambre de commerce de Bordeaux, et formulées dans les discours du président même de cette Chambre, M. Armand Lalande. Mâcon a pour rapporteur le président de la Chambre locale, M. J.-B.

Ferret; la Marne a M. Paul Delius; Cognac est représenté par M. Edward Martell; Angoulême par M. Chauveau aîné.

L'industrie de la soie a pour rapporteur M. Payen, membre de la Chambre de commerce de Lyon, et M. Mas, secrétaire de l'association de la fabrique Lyonnaise; Saint-Etienne est représentée par M. Tezenas du Montcel. Marseille a également un rapporteur, et c'est M. Fournier, grand négociant de cette ville. Il en est ainsi de tous nos grands centres industriels et commerciaux, qui ont pour rapporteurs les hommes les plus autorisés en matière de production. Nommons, enfin, la Chambre de commerce de Paris, qui a chargé sa première commission du soin de répondre à notre questionnaire et qui nous a adressé un rapport écrit par M. Gustave Roy, et plein de vues générales et de données pratiques sur le commerce des deux nations.

Le Comité français a été heureux de voir un corps aussi influent que la Chambre de commerce de Paris décrire ainsi qu'il suit l'attitude que les producteurs français doivent prendre à l'égard des commerçants américains :

« Dans nos demandes aux Etats-Unis, nous devons mon-« trer de la modération; nous devons nous rendre compte « des craintes de leurs industries naissantes et faire même « la part des plaintes intéressées et exagérées des industriels « américains. »

C'est dans cette disposition favorable qu'étaient la plupart des délégués des Chambres de commerce françaises présents à la conférence franco-américaine du 9 août 1878. On verra à la fin de cet ouvrage que les Chambres de commerce des Etats-Unis ont, de leur côté, manifesté des sentiments analogues, en répondant aux discours de M. Chotteau. Les principaux intéressés étant animés, des deux parts, d'un aussi heureux esprit, tout fait espérer le succès des négociations.

VII

Voici donc l'état actuel de la question.

Tout ce que des particuliers pouvaient faire en vue d'éclairer les deux gouvernements sur la nécessité d'un traité a été fait en France et en Amérique. Sous ce rapport, on peut dire que l'initiative privée a fait son devoir. Le reste appartient aux gouvernements de Washington et de Paris.

Or, on a pu voir que, contrairement aux prévisions, le congrès et le gouvernement des Etats-Unis ont manifesté les premiers le désir de voir s'ouvrir des négociations en vue d'un traité de commerce franco-américain. C'est donc aujourd'hui le devoir du gouvernement français de répondre à ces avances. Et puisque, dans sa séance du 15 mai, le Sénat de Washington a exprimé le vœu que des commissaires fussent désignés par l'un et l'autre gouvernement avec la mission de négocier les bases du traité, le gouvernement français doit, à son tour, faire preuve d'une égale bonne volonté; il doit se montrer prêt à ouvrir les négociations, en nommant, dès à présent, trois commissaires français.

Certes, la tâche de ces commissaires sera laborieuse; ils auront bien des points à discuter, bien des difficultés à aplanir; mais ils trouveront le terrain préparé, ils auront dans les mains des rapports dans lesquels les Chambres de commerce des deux pays ont exposé leurs justes demandes, et ils apprécieront de plus en plus, en étudiant ces documents, l'utilité de la propagande entreprise par le Comité français, et si bien secondée par les talents variés, la persévérance infatigable et l'énergique volonté de son délégué, M. Léon Chotteau.

Tout annonce donc le succès, le succès prochain de l'œuvre du Traité de commerce franco-américain. Ce succès constituera un précédent heureux et absolument nouveau. Jusqu'à présent, en effet, les traités de commerce étaient de pures affaires de gouvernement. Ce sera la première fois que les intéressés auront eu l'initiative d'un traité de commerce, qu'ils l'auront élaboré, discuté, formulé.

C'est là un exemple que les deux plus grandes Républiques du monde devaient aux autres nations. Le Comité français et son délégué auront lieu d'être fiers d'avoir contribué pour la plus grande part à ouvrir à deux nations sœurs des sources nouvelles de prospérité, et au genre humain des perspectives de plus en plus étendues de paix, de travail et de progrès civilisateur.

APPEL DU COMITÉ FRANÇAIS

AU PEUPLE AMÉRICAIN

Citoyens des États-Unis d'Amérique,

Aucun traité de commerce n'existe entre la France et l'Amérique. L'absence de toute convention de cette nature est également préjudiciable aux deux pays. Il importe de faire cesser cet état de choses et de convertir, pour l'échange de nos produits, le tarif général en un tarif conventionnel qui soit débattu par les intéressés eux-mêmes avant d'être voté à Washington et à Versailles.

Nous nous constituons aujourd'hui, à Paris, en Comité d'initiative, et nous venons vous prier d'organiser aux États-Unis un Comité semblable qui se mette en relation avec nous. Les deux groupes, ainsi formés, prépareront les voies et moyens d'un Congrès franco-américain à ouvrir à Paris pendant l'Exposition de 1878. De ce congrès, sortira un ensemble de résolutions qui, mûrement étudiées et soumises à une discussion sérieuse, pourront être présentées utilement, et avec autorité, aux Gouvernements et aux Parlements de France et des États-Unis.

A ce moment, notre rôle d'initiateurs sera terminé; mais il nous restera encore à faire, à l'opinion publique, un incessant et chaleureux appel, jusqu'à ce qu'une loi plus sage, et répondant mieux aux besoins des deux peuples, vienne traduire et réaliser nos vœux dans un contrat international.

Nos intérêts sont solidaires et la législation actuelle les maintient en lutte ouverte. Sur quel terrain pourra s'établir

2

la conciliation ? Ecartant les solutions absolues, les transitions trop brusques, nous acceptons le moyen pratique de
l'abaissement graduel des tarifs.

Au surplus, c'est sur ce terrain, où l'accord est facile,
que s'est dernièrement placé M. J. Sherman, votre ministre
des finances. Le sixième rapport de la commission nommée
par M. Sherman, dans le but de modifier les lois du revenu
douanier en Amérique, constate que les articles frappés sont
au nombre de plus de 2,500, dont 823 paient des droits *ad
valorem* de 10 à 75 pour cent; 511 des droits spécifiques;
141 subissent des taxes complexes; 1,000, bien que non énumérés, sont toujours atteints.

Ces 2,500 articles ne donnent pas à votre Trésor les millions que lui fourniraient quinze ou vingt articles soumis à
des droits d'entrée modérés. Telle est la conclusion qui
semble se dégager du rapport.

C'est encore sous l'inspiration de la même pensée que le
sous-comité des *ways and means* de la Chambre des représentants de Washington a promis de modifier votre tarif, de
manière à favoriser l'entrée en Amérique des marchandises
européennes, et à ranimer votre commerce d'exportation.

M. J. Sherman et le sous-comité du Congrès, par leur
action en faveur de l'abaissement des droits de douane, nous
montrent que les faits ont éclairé la République de 1776.

Depuis plus d'un siècle, le courant d'émigration avait toujours progressé chez vous. Il s'est ralenti et diminue annuellement. Ne venez-vous pas de constater que, faute de salaires
suffisants, beaucoup d'émigrés ont dû revoir l'Europe ?

Vis-à-vis du travail qui chôme, on constate, chez vous la
pléthore du capital.

D'où vient le mal ?

Vous nous répondrez que des crises ont alarmé les Etats-
Unis, lorsque les droits d'entrée ne dépassaient pas un taux
raisonnable. Avouez, cependant, que le tarif appliqué
aujourd'hui a singulièrement accru vos souffrances.

Si vous songez à l'état de gêne et d'affaiblissement des
principales industries américaines, vous n'oublierez pas que
les lourdes taxes, au fond, sont toujours soldées par les consommateurs.

La moyenne des droits d'entrée en Amérique étant de
40 0/0, c'est-à-dire prohibitive, vous n'hésiterez pas à chercher, avec nous, la possibilité de vous rouvrir les débouchés

extérieurs qu'une législation trop rigoureuse a soustraits à votre énergie.

Vous ne direz plus : Acheter un produit de France, c'est encourager l'industrie française aux dépens de l'industrie américaine, et c'est trahir la patrie.

Vous avez compris qu'une barrique de vin de Bordeaux, roulée sur le quai de New-York, provoque chez vous l'acquisition d'un sac de maïs ou d'un hectolitre de pétrole. Les produits s'échangent contre les produits et toute vente suscite un achat correspondant.

Si le sous-comité des *ways and means* de la Chambre des représentants de Washington obtient du Congrès des réformes douanières, la France ne sera pas garantie contre un remaniement ultérieur et dans un sens contraire; car, si vous baissez aujourd'hui vos droits, peut-être les relèverez-vous demain. Depuis 1789, votre tarif n'a-t-il pas été modifié plus de quarante fois?

En supposant même que vos législateurs maintiennent, pendant de longs jours, la réduction admise, leur foi dans l'avenir ne briserait pas l'obstacle créé par le tarif général français. Notre tarif, en effet, prohibe d'une façon absolue l'entrée en France de vos tissus de coton pur ou mélangé, de la plupart de vos tissus de laine, de vos fontes épurées qui ne rentrent pas dans une catégorie déterminée, de votre fer forgé, de presque tous vos ouvrages en métaux, de vos sucres raffinés ou assimilés aux raffinés, de vos peaux vernies ou teintes, etc.

Un tarif conventionnel, en réglant nos intérêts et les vôtres, apportera aux deux grandes Républiques la sécurité qui fortifie l'énergie et encourage les entreprises de longue haleine.

Ce traité ne sera pas une surprise désagréable pour la France et l'Amérique, si l'initiative privée en établit les bases au Congrès de Paris.

Efforçons-nous donc d'indiquer ensemble une règle de conduite aux Parlements de France et des États-Unis.

Prouvez-nous, par l'organisation d'un Comité américain, que notre voix a été entendue de l'autre côté de l'Atlantique, et que vous acceptez notre offre d'établir avec la France des rapports commerciaux plus sûrs et mieux affermis.

Paris, le 3 février 1878.

COMITÉ FRANÇAIS

BUREAU

Président :

MENIER, Manufacturier, Membre de la Chambre de commerce de Paris, Député de Seine-et-Marne.

Vice-Présidents :

FOUCHER DE CAREIL, Sénateur.

Daniel WILSON, Député.

L. HÉLARD, Président du Syndicat général de l'Union nationale du Commerce et de l'Industrie.

A. LALANDE, Président de la Chambre de commerce de Bordeaux.

Pascal DUPRAT, Député.

Rapporteur général :

Hippolyte CAHUZAC.

Membre délégué :

Léon CHOTTEAU, Publiciste.

Secrétaire :

Auguste DESMOULINS, Publiciste.

Trésorier :

Alfred KŒCHLIN-SCHWARTZ, Manufacturier.

Trésorier-Adjoint :

O. MICHEL, Négociant.

MEMBRES DU COMITÉ

ARDANT, Président de la Chambre de commerce de Limoges;

BABUT, Président de la Chambre de commerce de La Rochelle;

F. BARBEDIENNE, Président de la Réunion des Fabricants de bronze de Paris;

BERTHIER-ROBLOT, Président de la Chambre de commerce de Troyes;

Emile BRELAY, Manufacturier, Député de la Seine;

P. BETHMONT, Vice-Président de la Chambre des députés;

BÉRARD-VARAGNAC, Rédacteur au *Journal des Débats;*

CALVAT, Président de la Chambre de Commerce de Grenoble;

L. CHANTAL, Négociant;

CHAUVEAU aîné, Fabricant de papiers, Président de la Chambre de commerce d'Angoulême ;

CHIRIS, Député des Alpes-Maritimes;

Léon CHOTTEAU, Publiciste;

COURCELLES-SENEUIL, Économiste;

COUSIN, Président de la Chambre de Commerce d'Avignon;

DAUPHINOT, Sénateur, Président de la Chambre de commerce de Reims;

DAVID, Président de la Chambre de commerce du Mans;

P.-A. DELBOY, Conseiller-général de la Gironde;

A. DESMOULINS, Publiciste;

DIETZ-MONIN, Manufacturier, ancien Député, Directeur de la section française de l'Exposition de 1878;

F. DREYFUS, Publiciste;

Léon DROUX, Ingénieur civil;

DUMÉRIL, Président de la Chambre de commerce de Saint-Omer;

Pascal DUPRAT, Député de la Seine;

FOUCHER DE CAREIL, Sénateur;

Henri FOULD, Commissionnaire en marchandises;

F. GATINEAU, Député;

GERENTET, Président de la Chambre de commerce de Saint-Etienne;

E. DE GIRARDIN, Directeur politique du journal *la France*, Député de la Seine;

GRANDVAL, Président de la Chambre de commerce de Marseille;

GUILLOTTEAUX, Président de la Chambre de commerce de Lorient;

GUYOT, Député du Rhône;

Yves GUYOT, Publiciste;

L. HIÉLARD, Président du Syndicat général de l'Union du commerce et de l'Industrie;

Adolphe HOUETTE, Président de la Chambre de Paris;

JEANMAIRE, Libraire, Président de la Société des Libraires de Paris;

Alfred KŒCHLIN-SCHWARTZ, Manufacturier;

Edouard LABOULAYE, Membre de l'Institut, Sénateur;

LAISANT, Député de Nantes;

LALANDE, Président de la Chambre de commerce de Bordeaux;

LAURENT-PICHAT, Sénateur;

Elie LAZARD, banquier;

LEMONNIER, Président de la Chambre de commerce de Brest;

LEPICQUE, Président de la Chambre de commerce de Honfleur;

MALLET, Président de la Chambre de commerce du Havre;

E. MENIER, Député;

Gaston MENIER, Négociant;

O. MICHEL, Négociant;

Edouard MILLAUD, Député du Rhône;

Gustave DE MOLINARI, Membre correspondant de l'Institut, Rédacteur au *Journal des Débats*;

Sylvestre MOULLON, de la Chambre de commerce de Cognac;

PAGEZY, Président de la Chambre de commerce de Montpellier;

PERRAUDIN, Président de la Chambre de commerce de Mâcon;

A. PERSON, Président de la Chambre syndicale de commerce d'exportation;

Léon RENAULT, Député de Seine-et-Oise;

Maurice ROUVIER, Député de Marseille;

ROUX, Président de la Chambre de commerce de Dijon;

SCHEURER-KESTNER, Sénateur;

SIMONIN, Ingénieur des Mines;

P. TIRARD, Député de la Seine;

D. WILSON, Député d'Indre-et-Loire;

XARDEL, Président de la Chambre de commerce de Nancy.

COMITÉ FRANÇAIS

Séance du 3 février 1878.

RÉSOLUTION

Le Comité estime que le moyen le plus pratique pour mener à bonne fin l'œuvre projetée est d'envoyer aux États-Unis un délégué;

Le Comité confie cette mission à M. Léon Chotteau.

M. Léon Chotteau, se conformant à la résolution précédente, s'est embarqué le 2 mars à bord de la *France* et est arrivé à New-York le 13 mars.

Le Comité français constate ici l'adhésion que son œuvre a reçue de la part de la *Compagnie Transatlantique*, qui s'est mise gracieusement à la disposition du délégué du Comité.

PREMIÈRE CAMPAGNE

Du 14 mars au 12 juin 1878.

I

NEW-YORK

Free Trade Club. — *Réunion du 16 mars 1878.*

PRÉSIDENT : H.-B.-B. STAPLER.

Vous voyez en moi le défenseur des intérêts français et américains. S'il est possible de partager son cœur en deux parties, sachez que la première partie de mon cœur appartient à la France, où je suis né, et que l'autre moitié appartient à la grande République des Etats-Unis. S'il est possible d'être citoyen de deux pays, apprenez que je suis Français et Américain.

Vous savez quel est le but poursuivi. Le Comité français désire la formation d'un Comité américain qui désigne un certain nombre de délégués.

Ces délégués auront un mandat spécial. Ils iront discuter à Paris, avec mes compatriotes, et pendant l'Exposition de 1878, la question de savoir comment devrait être conclu un traité de commerce pour concilier les intérêts des deux peuples. Ni vous ni nous n'auront le droit de signer le traité ; mais nous pourrons dire aux gouvernements et aux Parlements de France et des Etats-Unis, en leur soumettant les résolutions votées :

Ne frappez tels et tels articles que de tels et tels droits, et vous favoriserez la prospérité de deux nations faites pour se compléter l'une l'autre sur le terrain de l'activité humaine.

A Paris, nous ne sommes ni libre-échangistes ni protectionnistes, nous formons un Comité national, et nous demandons qu'un Comité américain, où entrent aussi bien les partisans de la protection que les adeptes du libre-échange, fonctionne chez vous.

M. Menier m'a laissé une liberté d'action absolue. Il ne m'impose qu'une condition : le succès.

Je réussirai, si vous me secondez. Promettez-moi votre appui.

J'ai des lettres pour vos hommes d'Etat et vos hauts fonctionnaires.

Je me propose de visiter Boston, Washington, Philadelphie, Baltimore, Cincinnati, Saint-Louis, Chicago, San-Francisco et tous vos grands centres industriels.

Réunir une délégation possédant une force morale suffisante pour amener les deux gouvernements et les deux Parlements à ratifier le vœu de l'opinion publique, tel est mon but.

Ce but, je l'atteindrai.

———

M. Chotteau a été interrogé au sujet du droit additionnel de 10 0/0 frappé sur les articles entrant en France. Il a répondu qu'il y avait une grande erreur à ce sujet. Conformément à une lettre du directeur général des douanes françaises, dont M. Chotteau a donné communication, il n'y a aucune autre taxe différentielle pour les Etats-Unis que pour les autres nations qui ne sont pas portées au *tarif conventionnel*.

A ce sujet, on lisait dans le *New-York Herald du 16 mars 1868* :

M. Léon Chotteau, publiciste français et membre délégué d'un Comité français, formé en vue d'une union commerciale franco-américaine, lequel Comité cherche à établir un traité de commerce entre les deux pays, est arrivé du Havre dans notre cité le 11 courant. Un reporter du *Herald* lui a rendu visite, et a appris bon nombre de faits importants relativement à l'union projetée, et aux droits dont le tarif actuel frappe les produits qui vont à l'Exposition française.

M. Chotteau lui a dit : Afin de vous donner une idée de la dignité des représentants du Comité français, qui fait un appel aux Etats-Unis, en vue de la réciprocité, je vous présente la liste du bureau et des membres de ce Comité.

(Suivent ladite liste et le manifeste du Comité.)

M. Chotteau a remis au reporter deux lettres inédites, lesquelles éclaireront nos concitoyens sur le sujet de l'article du tarif relatif au droit de 10 0/0.

Extrait d'une lettre adressée au Comité français
(datée de New-York, 1er février.)

Nous vous avons adressé, par la poste d'hier, un numéro de journal contenant le résumé du nouveau tarif proposé, de sorte que vous pouvez juger par vous-même des changements qu'on cherche à y introduire.

Le gouvernement français a fait une distinction pour les produits américains en frappant ces articles d'un droit supplémentaire de dix pour cent. Le nouveau tarif propose une mesure analogue dirigée contre les articles français importés dans ce pays. Vous comprenez qu'il est de la plus haute importance pour les manufactures françaises que cette loi, qui leur porte préjudice, ne soit pas établie; et que vous employiez toute votre influence auprès du gouvernement français pour qu'il révoque son tarif; ce qui, sans aucun doute, porterait notre gouvernement à en faire autant à l'égard du sien.

M. Chotteau a ajouté: Afin d'écarter tous les malentendus, avant de quitter la France, j'ai soumis ce document à M. Amé, directeur général des douanes, qui m'a répondu ainsi:

Lettre du Directeur général des Douanes de France.

Paris, le 27 février 1878.

Monsieur,

Dans la lettre que vous m'avez fait l'honneur de m'écrire le 26 de ce mois, vous exposez avoir reçu une communication d'après laquelle les produits américains seraient assujettis, à l'entrée en France, à une surtaxe de dix pour cent. Vous demandez si le fait est exact.

La législation actuelle des douanes n'établit aucune distinction entre les États-Unis et les autres pays qui n'ont pas conclu de traités de commerce avec la France. Les produits américains supportent donc seulement les taxes qui sont inscrites dans le tarif général.

Agréez, etc.

Le Conseiller d'État, Directeur général,
A M É.

M. Chotteau a terminé en disant que les deux pays, en reconnaissant les bienfaits de la réciprocité, déploreront les longues années d'obscurité qu'ils ont passées à tâtonner. Il espère que l'Exposition de 1878 ouvrira les yeux des Français et des Américains sur ce point si essentiel.

II

BOSTON (Massachusetts)

Meeting public du 28 mars 1878.

PRÉSIDENT: NATHAN APPLETON.

Lorsqu'un étranger aborde sur une terre lointaine, les habitants de ce pays peuvent demander au voyageur:

— Qui êtes-vous, et que voulez-vous ?

— Qui je suis ? je suis le délégué d'un Comité français, présidé par M. Menier, député de Seine-et-Marne.

Les députés, les sénateurs, les manufacturiers qui composent ce Comité pensent que les relations commerciales entre la France et les Etats-Unis manquent de fixité. Ils voudraient proclamer l'entente par un traité de commerce.

Si un Comité des Etats-Unis, comme je l'espère, accepte l'invitation du Comité de Paris, des délégués américains m'accompagneront en France. Et à Paris, pendant l'Exposition de 1878, s'ouvrira un Congrès où les intéressés exposeront leurs vues.

Peut-être désirez-vous savoir si le Comité de Paris est libre-échangiste ou protectionniste. A cet égard, permettez-moi de vous raconter une anecdote.

En 1850, un écrivain de New-York fit un long article pour montrer la nécessité d'établir le libre-échange en Amérique. Les raisons qu'il donnait semblaient fort concluantes, si concluantes qu'un autre écrivain riposta :

— Ah ! certes, le libre-échange serait une excellente chose; mais tout libre-échangiste me rappelle le problème posé un jour par un maître d'école à ses jeunes élèves : Si trois boisseaux de maïs coûtent 12 shillings dix pence, combien coûtera une demi-charge de navets?

Si je vous disais : je suis libre-échangiste, quelqu'un d'entre vous me poserait peut-être le problème du maître d'école, et j'avoue qu'il me serait difficile de donner une réponse satisfaisante.

N'en concluez pas, cependant, que je sois protectionniste.

Les hommes éminents qui m'envoient n'ont, vis-à-vis de vous, d'autre désir que d'augmenter les exportations d'Amérique en France et de France en Amérique. Croyez cela, et vous serez dans le vrai.

Ici, vous m'arrêtez pour me dire : Mais les résolutions du Congrès franco-américain de Paris auront-elles une influence certaine sur les deux gouvernements?

Messieurs, supposez que la délégation américaine soit composée d'hommes remarquables par leurs travaux dans l'industrie, les sciences et l'économie politique. Supposez que cette délégation soit réellement une partie de la grande âme d'un grand peuple. Osez-vous penser que les désirs exprimés par un tel groupe, uni à un autre groupe de Français, ne fixeront l'attention ni du cabinet de Washington, ni du cabinet de Versailles? Vous ne le pensez pas, car vous comprenez que les gouvernements, dans ce siècle, ne sont établis que pour suivre l'opinion publique. Or, les résolutions votées à Paris seront l'expression de cette même opinion.

J'ignore ce que vous déciderez tout à l'heure. Laissez-moi espérer que j'emporterai de Boston un encouragement et un espoir.

En 1876, arrivait le centenaire de votre déclaration d'indépendance. Les Français vinrent à Philadelphie. L'année 1878 marque le centenaire de la guerre déclarée par la France à l'Angleterre dans le but de secourir vos ancêtres soulevés contre la tyrannie. Les Américains ne sauraient refuser de venir à Paris dans le but que je viens d'indiquer.

Il y a deux ans, j'écrivais l'histoire de votre Révolution mémorable. En compulsant les annales où s'affirme la naissance d'un peuple, j'étais très-désolé. Savez-vous pourquoi ? C'est que je regrettais de n'avoir pas eu l'âge d'homme à la fin du dix-huitième siècle. Français un siècle plus tôt, je suivais Lafayette. Aujourd'hui, j'oublie mes regrets, car j'ai le privilège de rencontrer ici les fils des héros d'autrefois. Vos pères se sont affranchis, et si vous avez maintenu la liberté conquise, c'est que vous avez gardé les vertus de vos pères.

Messieurs, dans le mouvement actuel, que vous seconderez, j'aime à le croire, je ne recherche, sachez-le, d'autre profit que la satisfaction du devoir accompli. Je serai assez récompensé si vous m'accordez votre sympathie et, si vous le voulez bien, votre amitié.

(Board of Trade.) — *Meeting du 29 mars 1878.*

PRÉSIDENT : JOHN W. CANDLER.

Vous êtes les plus honorables et les plus dignes représentants du commerce de Boston. Vous avez le désir légitime de vous créer de nouveaux débouchés.

Pouvez-vous voir grandir votre prospérité après la signature d'un traité de commerce avec la France ?

Appréciez la situation créée par les traités de commerce. Comparez les importations en France des nations qui ont accepté des tarifs conventionnels. Prenez deux dates : 1859 et 1876. Vous trouverez, en faveur de 1876, une différence qui dépasse de beaucoup un milliard de francs.

Parmi toutes ces nations, considérez l'Italie. Les dernières années montrent le progrès des importations d'Italie en France. Si je n'entre pas dans les détails, c'est que je crains d'abuser de vos instants.

Quelle sera la situation des Etats-Unis après le traité franco-américain ?

Les Etats-Unis verront augmenter leurs importations en France. Sur ce point, ils surpasseront l'Italie. Ne possèdent-ils pas, à un degré que l'Italie n'a jamais connu, l'énergie et l'intelligence ?

A Boston, M. Léon Chotteau, accompagné de M. Nathan Appleton, s'est rendu chez M. H. Verleye, vice-consul de France; Alexander H. Rice, gouverneur de l'Etat du Massachusetts; H. L. Pierce, maire de Boston; John W. Candler, président du Board of Trade, et a reçu le même jour la visite de ces personnages. Puis M. J. Jasigi invita le délégué français à un déjeuner où vinrent MM. Edward Atkinson, connu par ses sympathies pour la France; Nathan Appleton, Oscar Jasigi, vice-consul de Turquie et Verleye. Le repas fut servi au Somerset Club, le plus grand cercle de Boston.

III

NEW-YORK

Chambre de Commerce, réunion du 4 avril 1878.

PRÉSIDENT : S. D. RABCOCK

L'objet de ma mission peut se résumer ainsi : écarter les théories mal comprises ou mal définies, et tirer des faits actuels une nouvelle réglementation douanière dont profitent les États-Unis et la France.

Vous savez que votre pays est soumis en France aux rigueurs du tarif général. Or, ce tarif établi, je dois vous le déclarer, sans esprit d'hostilité contre la République américaine, édicte une prohibition absolue pour un certain nombre d'articles venant de nations jusqu'ici rebelles à l'idée d'un tarif conventionnel. Parcourez la liste de ces articles, et vous reconnaîtrez que votre pays se voit ainsi fermer un immense débouché pour ses tissus de coton, ses tissus de laine, ses fontes épurées, son fer forgé, ses ouvrages en métaux, ses sucres raffinés, ses peaux vernies ou teintes, etc.

Est-ce là un état de choses normal? Je ne le pense pas, et vous ne le pensez pas non plus.

Vous réclamez la levée des prohibitions qui frappent votre industrie; mais la France vous répond :

— Avec plaisir, et fixons les bases de l'accord par un traité de commerce.

Demande fort légitime. Lorsque deux personnes unissent leur intelligence et leur énergie pour atteindre un but commun, ne s'empressent-elles pas de régler leur situation réciproque par un contrat en bonne et due forme? Pourquoi voulez-vous que l'engagement disparaisse lorsqu'il s'agit de deux peuples rapprochés sur le terrain de la production? Ici, l'acte destiné à garantir l'avenir est bien plus urgent; c'est que la somme des efforts est plus grande et les intérêts en jeu plus considérables.

Je vous ai dit tout à l'heure que le Comité de Paris entendait ne pas quitter le terrain pratique. Un mouvement libre-échangiste s'accuse aux États-Unis; mais les protectionnistes

maintiennent leurs positions avec opiniâtreté. Vous apercevez que si les hommes éminents qui m'envoient vers vous
m'avaient dit de me ranger sous la bannière du libre-échange
ou de la protection, je suivrais en ce moment, avec l'un des
deux partis en cause, l'une des deux lignes parallèles qui
menacent de ne pas se rencontrer de si tôt.

Or, je cherche une jonction immédiate, et je crois la trouver
en faisant appel au patriotisme des libre-échangistes et des
protectionnistes.

Le Comité national américain qui acceptera, je l'espère,
l'invitation du Comité de Paris, affirmera le concours de
toutes les bonnes volontés que la question de l'avenir des
Etats-Unis provoque et sollicite.

En ce qui concerne les concessions que vous désirez obtenir
de la France, vous me permettrez, messieurs, de vous rassurer. Ma mission a pour but de vous prier d'accepter un
débat public à Paris. Elle ne va pas plus loin; mais vous ne
doutez pas du résultat heureux obtenu par le Congrès franco-
américain, résultat qui profitera à deux grandes nations.
Lorsque des hommes sérieux se rapprochent, il naît toujours
de ce contact, l'indice certain d'un progrès futur. Voulez-vous
que ce progrès, en ce qui touche les relations commerciales
de la France et des Etats-Unis, se réalise dans un avenir
prochain? Faites entrer dans le Comité américain, et dans la
délégation destinée à se rendre à Paris, les hommes qui sont
la tête et le cœur de la grande République de Washington.

Le soir même de la réunion de la Chambre de commerce, on
offrait un banquet à M. Bayard Taylor, nommé ministre américain à Berlin. Les organisateurs de la fête invitèrent M. Chotteau
et placèrent le délégué à la table d'honneur, à la droite de
M. Babcock, président de la Chambre de commerce.

IV

WASHINGTON (District de Colombie).

Réunion du 11 Avril 1878.

PRÉSIDENT: GÉNÉRAL N.-P. BANKS, REPRÉSENTANT DU MASSACHUSETTS

Nous pensons à Paris que tout n'est pas pour le mieux dans les relations commerciales de la France et des États-Unis. La plupart des articles américains sont prohibés chez nous, et les produits français que l'échange, réglementé d'une autre manière, amènerait chez vous, désertent vos rivages.

Vous voulez étendre votre commerce extérieur. Y a-t-il lieu de lever les prohibitions qui paralysent l'élan de vos exportateurs? Telle est la question que je vous prie de venir discuter à Paris avec mes compatriotes. Si les débats du Congrès franco-américain révèlent qu'aucune réforme économique n'est à désirer entre les deux nations, nous nous quitterons bons amis, et l'état de choses actuel sera maintenu. Si, au contraire, les intéressés indiquent aux deux gouvernements une réforme urgente, satisfaction sera donnée à l'opinion publique.

Je viens vers vous sans parti pris. Aussi ne me parlez ni du libre-échange, ni de la protection. J'ignore aujourd'hui si des théoriciens veulent supprimer vos frontières. J'ignore également si d'autres théoriciens voient le salut dans l'Amérique séparée du reste du monde.

Je ne me préoccupe pas davantage de la nature de vos taxes d'octroi. En 1851, votre ministre des finances, Corwin, s'écriait:

« Les droits *ad valorem* tendent à entretenir l'idée de la contrebande, ce qui est très préjudiciable à l'industrie du pays, dans toutes ses branches, et ce qui exerce, en fin de compte, une fâcheuse influence sur le revenu. » Un écrivain s'empressait d'approuver le ministre, mais ne manquait pas d'ajouter: « Les droits spécifiques sont toujours injustes pour le consommateur, s'ils ne le sont pas pour l'importateur. La classe ouvrière de la société doit payer autant sur

3

une yard de calicot valant un shilling que le millionnaire sur la même quantité d'étoffe d'une valeur double ou triple. Ainsi de tous les autres articles, le laid et le beau, le supérieur et l'inférieur, doivent tous payer la même taxe. C'est pourquoi les droits spécifiques ne peuvent être établis sous un gouvernement libéral ou républicain. »

Pour ne mécontenter personne, vous étiez tenus d'abolir les droits *ad valorem* et les droits spécifiques, c'est-à-dire de supprimer la douane — ce que vous proposa un jour l'Angleterre.

C'était là, à proprement parler, un mauvais tour que voulaient vous jouer vos amis d'outre-mer.

Pareil reproche ne saurait atteindre mon pays. La France, qui a volé au secours des colonies, en 1778, a contracté avec le peuple américain, sur les champs de bataille de la guerre de l'Indépendance, le germe d'une amitié durable. Les sentiments qui l'animent toujours sont la garantie de sa conduite envers les États-Unis.

Vous n'avez donc pas à craindre que le Congrès franco-américain de Paris soit organisé dans un intérêt exclusif. Certes, un traité de commerce entre l'Amérique et la France fera gagner des millions; mais notre désir le plus vif à Paris est de voir ces millions récompenser, dans des proportions égales, le zèle et l'activité des deux peuples. On établira la somme des avantages. Deux parts égales sépareront le gain futur. Vous prendrez l'une de ces parts. Nous garderons l'autre.

Vous savez maintenant quel esprit anime le Comité dont je suis membre.

Ce Comité représente largement l'industrie française. Il a pour président M. Menier. Les autres membres qui le composent viennent de la Chambre de commerce de Paris, de la Chambre des députés et du Sénat. Tous désirent honnêtement la coopération des hommes d'affaires et des législateurs des États-Unis pour établir une unité commerciale plus parfaite entre les deux Républiques.

Vous répondrez à l'appel loyal des députés, des sénateurs et des manufacturiers qui m'honorent de leur confiance. Organisez un Comité national. Ce Comité enverra une délégation à Paris. Et à Paris, pendant l'Exposition, la main dans la main, et nos cœurs battant à l'unisson, nous indiquerons la voie à suivre pour augmenter la prospérité des deux Républiques, qui n'ont aujourd'hui qu'une volonté : grandir par le travail.

A Washington, le général N. P. Banks, grand ami de la France, a présenté M. Léon Chotteau au Président Hayes et aux ministres.

V

BALTIMORE (Maryland)

Board of Trade. — Réunion du 13 avril 1878

PRÉSIDENT : DECATUR H. MILLER

Vous désirez savoir pourquoi des députés, des sénateurs, des manufacturiers de France, recommandables par leurs talents, et, ce qui ne nuit jamais, par leur fortune honorablement acquise, pourquoi ces citoyens ont envoyé un mandataire aux Etats-Unis.

Si un traité de commerce est reconnu nécessaire entre les deux pays, ce traité sera fait par les gouvernements de Washington et de Versailles, et soumis aux pouvoirs législatifs compétents.

Vous pouvez dès lors m'objecter : A quoi bon favoriser le mouvement franco-américain, puisque nous ne possédons aucune autorité ?

Pardon, vous répondrai-je, vous avez la puissance que donne l'opinion publique, et c'est afin de porter les deux gouvernements à tenir compte, dans l'acte attendu, de vos vœux et de vos besoins, c'est pour cela que l'initiative privée de France adresse un pressant appel à l'initiative privée d'Amérique.

Depuis que l'ère des traités de commerce est ouverte, les choses se passent généralement ainsi : deux hommes, deux ministres, fixent les conditions d'un accord possible, et soumettent le projet aux deux Parlements.

Ici les deux hommes de la situation seraient M. Evarts, secrétaire d'Etat, et M. Waddington, ministre des affaires étrangères.

M. Evarts m'inspire le plus profond respect. J'ai foi dans

l'honnêteté et dans les lumières du secrétaire d'Etat que le président Hayes a choisi. Mais, sans croire affaiblir en rien le mérite de cet homme d'Etat, je vous dirai : « Il est, en Amérique, quelqu'un beaucoup plus intelligent que l'homme le plus intelligent. Ce quelqu'un-là est le peuple américain. »

M. Waddington, mon compatriote, est également incapable d'éveiller le soupçon. Il mènerait à bien l'entreprise la plus difficile. Pourtant, aucun citoyen de France ne protestera si j'affirme : « Quelqu'un a plus d'aptitudes que le ministre le mieux doué; ce quelqu'un-là est le peuple français. »

Eh bien! ce sont précisément les deux peuples d'Amérique et de France que nous voulons consulter à Paris pendant l'Exposition de 1878.

La plupart des produits américains étant prohibés en France, et les articles français désertant les ports des Etats-Unis, y a-t-il lieu d'établir, entre les deux pays, un tarif conventionnel qui double, triple ou quadruple les exportations d'Amérique en France et *vice versa*? Tel est le problème à résoudre, et c'est vous, marchands et manufacturiers, que l'on consulte.

Si votre réponse, comme tout porte à le croire, est affirmative, vous constituerez à Baltimore un Comité local.

Ce Comité se mettra en relations avec les groupes déjà constitués ou en voie de formation à Washington, à New-York, à Boston, et se fera représenter dans le Comité national chargé d'accepter l'invitation du Comité français et d'envoyer une délégation à Paris.

Puis, à Paris, à l'époque que vous fixerez vous-mêmes, au mois de juin ou de juillet, s'ouvrira le Congrès franco-américain. Les débats se termineront par le vote de résolutions à communiquer, par les Américains, au gouvernement et au Congrès de Washington; par les Français, au gouvernement et au Parlement de Versailles.

A cette époque, l'opinion publique se sera manifestée. Et l'on pourra, sans vaine présomption, avancer qu'un traité ne tardera pas à rapprocher les intérêts solidaires jusqu'alors en souffrance.

A Baltimore, en l'absence de M. de Montcabrier, vice-consul de France, M. Chotteau a été puissamment aidé dans sa tâche par M. E. de Merolla, co.... d'Italie.

THE EVENING BULLETIN DE BALTIMORE
(16 avril 1878), disait :

L'entrevue entre M. Chotteau et plusieurs membres éminents du Congrès, au sujet de la révision de nos traités de commerce avec la France, donne quelque espoir que nous pourrons supprimer les absurdes restrictions sur le commerce avec la France qui ont fait tant de tort aux deux pays. L'initiative vient, non du gouvernement français, mais des négociants de France. Tout ce que l'on propose, quant à présent, c'est d'envoyer une commission à Paris, cet été, pour discuter d'une façon pratique les questions pratiques impliquées. Cette discussion ne peut faire aucun mal, et elle pourra certainement accomplir beaucoup de bien. Notre commerce avec la France peut être doublé et quadruplé, si les deux pays agissent raisonnablement.

VI

PHILADELPHIE (Pensylvanie).

Board of Trade. — Réunion du 18 avril 1878.

PRÉSIDENT : FREDERICK FRALEY

Je viens vers vous avec l'assurance qui ne m'a jamais abandonné depuis le jour où j'ai mis le pied sur la terre d'Amérique.

Des hommes éminents de Paris vous offrent de chercher avec eux s'il ne serait pas utile, nécessaire, d'améliorer les rapports commerciaux des États-Unis et de la France. On donnerait aux industriels et aux négociants des deux pays, que l'incertitude du lendemain paralyse, une garantie d'avenir. Cette garantie résulterait d'un traité de commerce dont les termes seraient discutés à Paris, au milieu d'un Congrès franco-américain. Les résolutions votées par les délégués des deux grandes Républiques, et signifiées aux deux gouvernements de Washington et de Versailles, auraient pour but d'indiquer aux pouvoirs compétents les désirs et les vœux des exportateurs d'Amérique et de France.

L'offre toute spontanée du groupe dont M. Menier est président, ne cache, je vous en préviens, aucune arrière-pensée. En acceptant l'invitation qu'on m'a chargé de vous apporter, vous êtes certains d'avance de trouver devant vous, à Paris, des hommes qu'anime le seul désir de connaître et de favoriser les besoins des deux peuples.

Si des réformes sont urgentes, ces réformes feront l'objet d'un traité de commerce.

Qu'une telle perspective ne vous alarme pas. Lorsque fut signée la convention du 23 janvier 1860 par la France et l'Angleterre, un Français s'écria : « Quoi! nous avons un régime économique qui nous a fait faire les plus admirables progrès dans l'industrie et dans le commerce, et vous voulez tout à coup le supprimer! Pourquoi? Est-ce parce qu'il a réussi? Parce que grâce à lui, toutes nos industries ont grandi? »

Si vous m'adressiez les paroles acerbes du Français de 1860, je vous répondrais :

— Calmez-vous, et chassez les craintes qui vous envahissent.

Nous ne complotons pas, au sein du Comité de Paris, l'abolition des lois fiscales qui ont permis à l'industrie américaine de naître et de s'affirmer.

Peut-être insisteriez-vous. Je vous ai parlé de réformes probables. Quelles pourront bien être ces réformes?

Écoutez. Les classes ouvrières étant intéressées à voir se développer un riche marché intérieur, comment étendre sans cesse la production du pays? Là est le problème. Si vous fermez hermétiquement l'Amérique, l'activité admirable de vos concitoyens dépassera un jour les limites qu'impose la consommation nationale, et les producteurs du Nouveau Monde tenteront alors d'envoyer au loin leurs excédants. Vains efforts! L'étranger n'achète pas à un pays où il ne vend pas.

Dans les dernières années, vous avez pu apprécier combien de forces vives étaient comprimées sur votre territoire par la difficulté d'exporter.

Aujourd'hui, nous venons vous demander si l'heure n'est pas venue de rendre à vos producteurs l'activité féconde. La voie où nous vous sollicitons d'entrer n'est jamais semée d'écueils. Voyez la France après 1860. Le premier traité de commerce favorisa les deux puissances contractantes. Les Anglais gagnèrent plus d'argent avec les Français, et réciproquement.

Ce phénomène se renouvelle après chaque nouveau contrat. Aussi peut-on affirmer d'avance qu'un acte de réciprocité entre les États-Unis et la France viendra augmenter la production de vos centres manufacturiers.

Votre intérêt bien compris vous porte à accepter l'invitation que je vous fais. En organisant un Comité américain qui réponde à l'appel du Comité français et envoie une délégation à Paris, vous n'oublierez pas que mes compatriotes sont venus chercher un espoir à Philadelphie en 1876, année du centenaire de votre déclaration d'indépendance.

L'année 1878 rappelle la guerre déclarée autrefois par la France à l'Angleterre dans le but unique de soutenir vos pères opprimés et vaincus. Allez à Paris encourager les républicains de 1870, descendants des Français qui sont morts ici pour assurer l'existence d'une nation. Ainsi, en faisant une chose utile, vous ferez une grande chose.

La nouvelle d'un mouvement en faveur d'un traité de commerce entre la France et les États-Unis a été accueillie à Philadelphie avec beaucoup de sympathie. M. Léon Chotteau a visité plusieurs des négociants et des manufacturiers influents, et a rencontré partout dans le haut commerce une disposition marquée à jeter dans la balance l'influence industrielle de Philadelphie.

ACCUEIL FAVORABLE FAIT AU DÉLÉGUÉ FRANÇAIS PAR LES ADMINISTRATEURS DE L'EXPOSITION PERMANENTE

Le 18 avril, le délégué français visita l'Exposition permanente, ouverte, comme on sait, dans les bâtiments mêmes qui servirent, il y a trois ans, à l'Exposition universelle. M. Chotteau eut un long entretien avec les membres du Comité des directeurs de l'Exposition, et reçut de ceux-ci l'accueil le plus sympathique. Le président, Henri D. Moore, a dit que les administrateurs de l'Exposition permanente étaient d'accord avec le Comité de Paris pour souhaiter le succès du traité projeté. Comme le délégué passait devant les orgues et pianos de Clémons, l'organiste a joué la *Marseillaise* pour faire honneur à la nation française et à son envoyé.

Enfin, le 19 avril, le *Record* publiait le compte-rendu de la réunion dont il est parlé ci-dessus, réunion tenue par le Comité spécial du *Board of Trade*, au n° 308 de Walnut street.

Tous les autres journaux de Philadelphie reproduisaient le discours de M. Léon Chotteau. Le *Public-Ledger*, la *Press*, le *Daily Evening Telegraph*, le *Philadelphia Inquirer*, et le *Philadelphia Evening Bulletin* rendaient compte de la discussion qui a suivi ce discours.

Le *Bulletin* ajoutait :

Nous espérons que le Comité américain sera formé à temps pour pouvoir se réunir à Washington dans les premiers jours de mai.

Le *Times* de Philadelphie se contentait de résumer le discours du délégué français, mais il insistait sur les réserves faites dans un sens protectionniste par M. Fraley.

Le plan proposé par le Comité français était donc, on le voit, accueilli avec faveur par les négociants et les manufacturiers américains. Le délégué du Comité pouvait se regarder comme assuré du succès ; car il ne devait rencontrer, dans les Etats agricoles qu'il lui restait à visiter dès lors, aucune des résistances qu'il avait dû surmonter dans les Etats manufacturiers de New-York et de Pensylvanie.

VII

NOUVELLE-ORLÉANS (Louisiane)

Cotton exchange et Chambre de commerce. — *Réunion du 29 avril 1878.*

PRÉSIDENT : GÉNÉRAL CYRUS BUSSEY

Depuis que je suis en Amérique, j'ai parfois eu cet entretien avec des hommes éminents de votre pays :

Moi. — Aucun traité de commerce n'existe entre la France et les Etats-Unis.

Eux. — En vérité !

Moi. — C'est ainsi.

Eux. — On va se hâter, n'est-ce pas, d'en faire un ?

Moi. — Je l'espère.

La situation anormale créée par le tarif général français et le tarif général américain a ému le Comité de Paris qui m'envoie vers vous.

Comment doter les deux grandes Républiques d'un tarif conventionnel ?

Si M. Menier, député de Seine-et-Marne, avait tiré M. Waddington, ministre des affaires étrangères, par la manche de son habit, et lui avait dit :

— Pardon, Excellence, ne pensez-vous pas qu'un traité de commerce serait utile entre la France et l'Amérique ?

Le ministre aurait répondu :

— Je ferai étudier la question.

Si le sénateur Eustis, de la Louisiane, avait poussé le coude de M. Evarts, secrétaire d'Etat, et avait objecté poliment, au membre du cabinet du président Hayes :

— Les exportateurs américains et français réclament un acte international qui les mette à l'abri des surprises et des méprises.

M. Evarts, lui aussi, eût promis une étude sérieuse à ce sujet.

Et les successeurs des ministres actuels se seraient multipliés comme les feuilles que chasse un vent d'automne. Puis, MM. Eustis et Menier auraient imité la sœur Anne qui attendait toujours et ne voyait jamais rien venir.

Nous avons voulu, à Paris, procéder autrement. Aujourd'hui, un gouvernement ressemble au bloc de granit, qu'un seul homme ne peut ébranler et que plusieurs hommes soulèvent. C'est le concours simultané des efforts que nous provoquons. Notre plan est simple. Un Comité national existe en France. Un autre Comité national, grâce à vous, se constituera aux Etats-Unis et enverra une délégation à Paris. Pendant l'Exposition s'ouvrira un Congrès franco-américain dont les désirs et les vœux seront communiqués aux pouvoirs établis.

Ce que vont décider les délégués d'Amérique et de France formera le jugement de l'opinion publique ; et, comme cette opinion-là reste le levier qui donne l'impulsion à Washington

et à Versailles, on peut fixer d'avance l'époque où le traité
attendu sera signé et rendu exécutoire.

J'ai obtenu le concours de New-York, de Boston, de Washington, de Baltimore et de Philadelphie. J'ose espérer que
la Nouvelle-Orléans ne refusera pas d'entrer dans le mouvement.

Un Comité national américain sans la Louisiane serait un
bouquet sans roses et un printemps sans soleil.

Vous contribuerez au succès de ma cause. Tout ici m'en
donne l'assurance, et l'attention bienveillante que vous me
prêtez, et les marques de sympathie que je rencontre à chaque pas.

Lorsque, par vos soins, et les soins de vos concitoyens du
Nord, de l'Est et de l'Ouest, un traité aura concilié les intérêts des deux peuples, vous tiendrez à ce que jamais un tiers
mal intentionné ne vienne troubler l'harmonie établie.

Deux hommes mettent en commun leur intelligence et
leurs capitaux. Ils construisent une usine. Si un voisin fait
dérailler le chemin de fer qui transporte les produits au
marché, la justice jette l'intrus en prison.

Pourquoi, lorsque deux peuples se sont entendus pour imprimer à leur production respective un élan durable, une
nation peut-elle s'embusquer derrière des batteries de canon
et bouleverser le monde industriel ? On pend l'assassin.
Pourquoi ne punit-on pas la nation qui déclare la guerre ?
Est-ce que le crime cesse d'être le crime en passant de l'in-
dividu à l'Etat ?

La paix est la condition du travail. Or, les traités de commerce favorisent et encouragent le travail.

Les conventions de ce genre mettront fin aux conflits internationaux lorsque les producteurs auront banni les préventions qui les divisent encore.

Le droit international, qui préviendra la guerre de peuple
à peuple, sera enseigné par les Expositions universelles.

Venez à Paris comme membres du Congrès franco-américain, et apportez votre pierre à l'édifice de l'avenir.

M. Chotteau était appelé à la Nouvelle-Orléans par une
invitation de la Chambre de commerce de cette ville ; nous

extrayons les lignes suivantes de la lettre qui lui avait été adressée :

Nouvelle-Orléans, 0 mars 1878.

Monsieur,

Nous avons appris avec un grand plaisir votre arrivée aux Etats-Unis, que vous visitez dans le but de préparer des modifications aux conditions du commerce entre la France et ce pays. Il est évident que vous trouverez dans l'Etat de la Louisiane et à la Nouvelle-Orléans l'appui le plus efficace, et que le but de votre mission y sera compris.

L'Etat de la Louisiane a une population de 800,000 habitants. Ses récoltes en sucre, coton et riz s'élèvent à 250,000,000 de francs par an. La Nouvelle-Orléans est le second port d'exportation des Etats-Unis. La population de l'Etat et celle de la ville parlent en grande partie la langue française, et sont habituées à consommer des produits français. Vous y trouverez une intelligence développée et une opinion publique éclairée.

Je suis autorisé, monsieur, par le Comité exécutif de la Chambre de commerce, à vous inviter, si cela est compatible avec vos arrangements antérieurs, à visiter notre ville, et à vous donner l'assurance que vous trouverez une réception cordiale de la part des autorités municipales, des Chambres de commerce, de la Bourse au coton, et de la population en général. Chacun ici a le plus grand désir de voir les relations commerciales entre les deux grandes nations devenir plus intimes, et réciproquement plus avantageuses que par le passé.

Agréez, etc.

Signé : W.-M. BURWELL,
Secrétaire de la Chambre de commerce.

VIII

CINCINNATI (Ohio)

Chambre de Commerce. — Réunion du 3 mai 1878.

PRÉSIDENT : JOHN W. HARTWELL

Si un étranger avait parcouru les colonies à la veille de la guerre de l'indépendance, il eût constaté un accord admirable entre ce pays, heureusement favorisé de la nature, et la race qui l'habitait.

Sur un sol riche et inépuisable , vos pères ne déployaient-ils pas une savante énergie?

Ce noble élan avait, depuis longtemps, éveillé les soupçons de l'Angleterre, et la métropole s'efforçait d'entraver les efforts des colons.

Le premier des trois actes de navigation fut voté en 1651, dans le but de paralyser le commerce des colonies entre elles et avec l'étranger. Charles II, en 1660 et en 1663, compléta la mesure, en assurant à la marine anglaise tout le fret américain.

Le tableau de ces exactions est instructif. En 1699, les Américains froissés de payer une lourde redevance aux manufacturiers anglais, prennent la résolution de fabriquer des étoffes de laine. Le Parlement intervient, et menace de peines sévères toute personne qui osera transporter les étoffes d'une colonie dans une autre, ou qui tentera de les exporter.

Rigueur insuffisante; car, en 1732, on reconnut à Londres que les Américains fabriquaient des chapeaux, et en faisaient même avec succès, — ce qui était une insulte à la mère-patrie. On étendit le bill de 1699 aux chapeaux, et l'on défendit à tout chapelier américain d'avoir plus de deux ouvriers.

Encore quelques années, on arrive à 1750, où le Parlement, à la nouvelle que les Américains, non contents de confectionner de bons chapeaux, travaillent le fer avec habileté, prohibe absolument l'érection d'une forge ou d'un haut-fourneau.

L'année 1750 rappelle ces paroles de Pitt :

« Si l'Amérique s'avisait de fabriquer un bas ou un clou de fer à cheval, je voudrais lui faire sentir tout le poids de la puissance de ce pays. »

L'étranger, en reconnaissant les effets d'une législation tyrannique, se fût dit : Pour briser le cercle qui les étouffe, les Américains courront aux armes.

Prévision qu'allait justifier la guerre de l'indépendance, guerre légitime, entreprise et conduite au nom des franchises commerciales.

Vos pères entendaient travailler et recueillir les fruits de leur travail. Leur volonté n'a pas tardé à s'accuser. Car, avant même que la paix de 1783 eût garanti l'existence de la

République, née le 4 juillet 1776, l'industrie américaine se développait.

Depuis, elle n'a pas cessé de grandir.

Elle est puissante aujourd'hui, et ne craint plus la rivalité.

Aussi, de nos jours, le voyageur qui visite vos centres manufacturiers, et qui se demande ce que deviendraient vos exportations avec les débouchés extérieurs plus largement ouverts, peut se dire en toute sûreté: Les Américains feront des traités de commerce.

Un traité de commerce, quand il est mûrement étudié et sagement conclu, vient augmenter la production des deux nations contractantes. Ici, vis-à-vis de la France, vous n'avez pas à craindre une réglementation arbitraire des intérêts franco-américains, puisque vous fixerez vous-mêmes les bases de la convention.

Les gouvernements qui prennent l'initiative, en pareille occurence, se trompent presque toujours. On aurait tort peut-être d'accuser leur bonne foi; mais le demi-jour où ils se complaisent cause leur erreur.

A Paris, nous désirons consulter les deux peuples; et lorsque les intéressés auront dit comment devrait être fait un traité de commerce entre la France et les Etats-Unis, pour sauvegarder, d'une manière plus précise, l'avenir des deux pays, alors les Gouvernements et les Parlements agiront.

C'est dans le but de réclamer votre concours à ce mouvement que je suis venu chez vous.

J'espère que vos lumières ne me feront pas défaut.

M. Chotteau n'a eu qu'à se féliciter du concours intelligent de M. Virgil Gilmore, agent consulaire français.

IX

SAINT-LOUIS (Missouri).

Merchants' Exchange. — *Réunion du 6 mai 1878.*

PRÉSIDENT: JOHN A. SCULDZR

J'ignore, et vous ignorez également, sans doute, si les traités n'ont pour but que de ménager, au monde producteur, une sage transition entre l'état économique condamné en 1860, et la liberté complète des marchés.

Que m'importe, après tout, et que vous importe? Le danger, en pareille occurence, consiste toujours à rechercher ce que cache dans ses flancs le progrès accompli.

Les traités de commerce viennent-ils augmenter la production des peuples? Tout est là. Restons, si vous le voulez bien, sur ce terrain, où trouvent un aliment les intérêts prochains, et laissons à l'avenir le soin de poursuivre et de compléter l'œuvre commencée.

Pour répondre à la question de savoir si le tarif conventionnel, remplaçant le tarif général, augmente la prospérité de la nation contractante, il me suffira de citer un fait. La convention de 1860, entre la France et l'Angleterre, a été conclue avec une brutalité remarquable. Les intéressés avaient quelque raison de se plaindre d'être pris au dépourvu. Aussi, ne manquèrent-ils pas de récriminer. Parmi les industriels français qui prenaient à témoin le ciel, la terre et les mers du malheur inattendu qui les frappait, on remarquait l'ami d'un personnage politique adversaire de la réforme décrétée. Le producteur dit à l'homme d'État:

— Je suis ruiné.

Dix années se passèrent. L'homme d'État avait gardé toutes ses préventions contre le mouvement de 1860. En revoyant la victime infortunée du tarif conventionnel, il s'écria:

— Eh bien! vous avez fait faillite?

— Moi, répondit l'autre, pas du tout; je fais maintenant de brillantes affaires.

— Comment, ajouta le premier, la convention avec l'Angleterre ne vous a pas ruiné?

L'industriel sourit, et assura:

— Elle m'a enrichi; je suis plusieurs fois millionnaire.

Cet exemple, et d'autres exemples que je pourrais vous citer, prouvent qu'un acte réglant d'une façon intelligente les conditions des échanges entre deux peuples, provoque toujours des besoins nouveaux. De là, d'un côté comme de l'autre, augmentation de la consommation nationale, c'est-à-dire du bien-être de tous.

Je devais vous présenter ces réflexions avant de vous inviter, au nom du Comité français, à fixer avec mes compatriotes, à Paris, et pendant l'Exposition, les bases d'un traité de commerce franco-américain.

J'ai pu organiser des comités locaux à Boston, New-York, Philadelphie, Baltimore, la Nouvelle-Orléans et Cincinnati.

Chacun de ces comités se relie maintenant au Comité central de Washington.

J'ose espérer que Saint-Louis ne refusera pas de se joindre aux grands centres qui ont déjà manifesté des dispositions favorables.

A mon retour de Chicago et de San-Francisco, une réunion générale aura lieu à Washington, où sera discutée et votée une réponse à l'appel du Comité français. Puis, chaque Comité local élira ses délégués pour Paris, et le Congrès franco-américain s'ouvrira à l'époque fixée par vous-mêmes.

Peut-être, avant de prendre une décision, voulez-vous savoir quel profit Saint-Louis retirera du mouvement actuel et de l'acte de réciprocité commerciale qui doit en être la conséquence. Hier, M. George H. Morgan, votre secrétaire, a eu la bonté de me communiquer son intéressant travail intitulé « Statement of the Trade and Commerce of Saint-Louis » pour l'année 1877.

Dans le rapport de M. le président John A. Scudder, au « Board of directors », je lis que votre magnifique salle de l'« Exchange » pourra « en certaines occasions, être ouverte au public, afin que la population de Saint-Louis, jouisse de temps en temps, de sa magnificence et de sa beauté, et qu'une grande fête musicale soit donnée en l'honneur de ceux qui l'auront organisée, et pour le plaisir et l'amusement du public. » Je pense que les dames de Saint-Louis ne protesteront pas.

Plus loin, dans son rapport à M. John A. Scudder, le secrétaire George H. Morgan écrit, en parlant de l'élan des exportations du Sud :

« Un résultat du mouvement sera l'ouverture de relations commerciales avec l'Amérique centrale, l'Amérique du Sud et les Iles. Une subvention accordée par le Gouvernement à une ligne de steamers entre la Nouvelle-Orléans et ces pays, ligne acceptée en principe, donnera à l'Ouest une grande partie du trafic, et cette route sera la plus économique, en même temps que la plus rapide, pour arriver à ces marchés. »

Je viens aujourd'hui vous offrir de dépasser le programme en établissant des relations plus directes et plus régulières avec la France.

M. George H. Morgan demande une ligne de steamers entre Saint-Louis et la Nouvelle-Orléans. Je réclame, encouragé en cela par mes amis de la Nouvelle-Orléans, une ligne de paquebots de la Nouvelle-Orléans au Havre.

L'établissement d'une telle Compagnie suivra de près la conclusion du Traité de commerce franco-américain, et le maïs du Missouri, que la France a le grave tort de ne pas connaître, parviendra à mon pays par des moyens sûrs, commodes et rapides.

Votre intérêt bien compris, vous le voyez, vous porte à me seconder aussi promptement et aussi efficacement que possible.

M. Émile Karst, agent consulaire de France à Saint-Louis, a secondé M. Chotteau en lui rendant des services que nous nous plaisons à signaler ici.

X

CHICAGO (Illinois).

Board of Trade. — Réunion du 9 mai 1878.

Président : William Dickinson

Lorsque j'ai débarqué aux États-Unis, je ne savais trop où mes pas allaient me conduire. Une nuit noire semblait m'envelopper de ses ombres. Que faire? que tenter?

J'avais une foi absolue dans la sagesse et le bon sens du peuple américain. Tout me disait que vos compatriotes ne seraient pas rebelles à l'idée qui inspirait les membres du Comité de Paris.

Cette confiance ne m'a pas trompé, puisque les grands centres manufacturiers que j'ai visités jusqu'ici m'ont assuré leur concours.

Au fond, que suis-je venu demander aux représentants de l'industrie et du commerce des États-Unis? Une discussion publique, à Paris, et pendant l'Exposition actuelle, sur la question de savoir s'il ne serait pas utile, nécessaire d'établir un tarif conventionnel entre les deux pays.

Vous savez que beaucoup d'articles confectionnés chez vous restent prohibés en France par le tarif général français.

Désirez-vous que ces produits échappent aux dispositions rigoureuses qui les frappent ? Si oui, répondez à l'appel des législateurs et des manufacturiers de France qui vous proposent un accord pratique et durable.

Peut-être me demanderez-vous quelles concessions la France, en retour, attend des États-Unis.

A vous parler franchement, je l'ignore, et les membres du Comité de Paris n'en savent pas plus long que moi.

Une telle déclaration vous prouve qu'aucun programme secret ne vient limiter, ni gêner la liberté d'action des hommes au nom desquels je vous parle.

Depuis mon arrivée à New-York, des personnes ont beaucoup insisté sur ce point. Ces personnes, par une conséquence toute logique, semblaient contester le désintéressement de M. Menier, président du Comité français, des députés et des sénateurs dont vous savez les noms.

Était-il donc impossible d'admettre que des citoyens de France pussent avoir assez de patriotisme pour crier au peuple d'Amérique :

— Envoyez-nous des délégués dont la parole ait du retentissement aux États-Unis, et nous examinerons loyalement avec eux dans quel sens devrait être conclu un traité de commerce pour augmenter les exportations des États-Unis en France et de France aux États-Unis ?

Mais la routine a la vie dure. Elle ressemble au commensal qui, chassé d'un palais, se réfugie à l'office, puis dans la loge du concierge, et, expulsé de ce dernier abri, erre dans le bois sombre qui entoure l'édifice, guettant l'occasion de regagner le crédit perdu et d'imposer de nouveau sa loi. Les critiques eussent été moins vives, si nous avions offert de suivre la marche ordinaire. Cette marche, vous la connaissez. Elle se résume dans deux hommes, deux ministres, écrivant sur le bout d'une table, et en moins d'une heure, l'acte de réciprocité qui va régler l'avenir commercial de deux nations.

Ici, dans le mouvement franco-américain, nous proposons que les termes de la convention soient rédigés par les intéressés eux-mêmes, et ensuite soumis aux ministres de Washington et de Versailles, qui n'auront plus qu'à en réclamer la ratification par les pouvoirs législatifs compétents.

Si nous nous écartons du convenu, je crois qu'on doit

4

nous pardonner notre audace, car nous ne voulons que résoudre, à la satisfaction générale, une question importante, et servir d'une manière plus efficace les intérêts des deux peuples.

Laissez-moi espérer que vous organiserez, sans tarder, un Comité local. Ainsi, Chicago appréciera le projet de réponse au Comité français, et sera représenté à la convention qui aura lieu à Washington, vers la fin de mai, à mon retour de San-Francisco.

Cette convention, provoquée par le Comité central de Washington, que préside le sénateur J.-B. Eustis, de la Louisiane, dont MM. Benj. A. Willis, représentant de New-York, et A. Pollok sont vice-présidents, dont M. Ernest Brulatour est secrétaire, aura pour objet d'affirmer l'existence du Comité national américain. Puis, chaque Comité local choisira ses délégués pour Paris.

Aux esprits timides, irrésolus, je dirai :

— Jamais des hommes intelligents, honnêtes, animés de bonnes intentions et jaloux de bien faire, ne se sont rapprochés, sans qu'un résultat heureux pour l'humanité ne sortît de ce rapprochement même.

On m'a écouté avec bienveillance au Nord, à l'Est, au Sud et au Centre des États-Unis. J'ose croire que l'Ouest ne me sera pas hostile. Saint-Louis s'est déjà prononcé en ma faveur. Chicago ne voudra pas me refuser son appui.

A Chicago, M. Léon Chotteau eut le plaisir de rencontrer M. Edmond Carrey, vice-consul de France, que des services réels recommandaient depuis longtemps. M. Carrey a été fait consul l'année dernière, et les Français de Chicago ont applaudi à sa nomination en lui offrant un banquet.

XI

SAN-FRANCISCO (Californie)

Chambre de commerce. — Réunion du 20 mai 1878.

PRÉSIDENT : JAMES C. PATRICK

J'ai parcouru votre pays du Nord au Sud, de l'Est jusqu'à l'Ouest et à l'extrême Ouest.

Vous êtes ma dernière étape. Avec la Californie, je puis, si vous le voulez bien, compléter un mouvement national.

Aux États-Unis, l'énergie patiente et intelligente a su accomplir des prodiges. Chacun des États qui forment l'Union contribue, selon ses aptitudes et son tempérament, à faire la grande nation dont la puissance étonne le vieux monde. On peut avancer, toutefois, que la part de la Californie, dans l'œuvre commune, est large et brillante.

Aussi, à San-Francisco, au milieu d'une population où le courage ne faiblit jamais, pas même lorsque les crises semblent autoriser les défaillances, je me sens fort à l'aise.

Pourquoi? Parce que je viens vous offrir, au moyen d'un traité avec la France, de donner à votre activité, qui jamais ne sommeille, un nouveau champ d'exploitation.

On s'est beaucoup mépris sur le sens et la portée des actes internationaux qui établissent, entre les peuples, des tarifs conventionnels. On a inventé le fantôme du libre-échange. On a vu les frontières s'abaisser, s'abaisser, et disparaître. L'émoi, dans les esprits timides, a grandi.

C'est ce qu'on remarqua après 1860. Mais, en 1860, les pouvoirs publics avaient procédé avec une hâte qui semblait trahir de mauvais desseins.

Aujourd'hui, en ce qui concerne les relations commerciales de la France et des États-Unis, une sage lenteur permettra aux intéressés de se rendre compte.

D'abord, l'initiative privée exprimera ses désirs au Congrès franco-américain de Paris. C'est dans le but d'imprimer à cette manifestation un caractère imposant qu'un Comité français s'est organisé, sous la présidence de M. Menier.

Au nom de ce Comité, je viens vous inviter à vous faire

représenter dans la convention qui se tiendra sous peu de jours à Washington, c'est-à-dire dans le Comité national américain, et dans la délégation que ce Comité se propose d'envoyer en France.

A Paris, nous ne voulons pas troubler, en invoquant un principe quelconque, le régime économique des Etats-Unis. Nous vous demandons seulement s'il n'est pas possible d'établir, entre la France et l'Amérique, un tarif douanier qui affermisse l'ancienne amitié des deux Républiques sœurs en augmentant leur production réciproque.

Un tel acte, loin d'imposer un sacrifice à l'industrie américaine, viendrait stimuler les efforts de vos manufacturiers. Loin de nuire à vos finances, il accroîtrait les recettes de votre Trésor, puisqu'il doublerait ou triplerait les exportations de France en Amérique, en doublant ou triplant les exportations d'Amérique en France.

Peut-on arriver au résultat que je vous laisse entrevoir ? Peut-on, par une entente cordiale, cimentée en dehors de toute prévention jalouse, reculer la limite qui semble actuellement emprisonner le travail des deux nations ?

Telle est la question que je vous pose. Vos compatriotes de Boston, New-York, Washington, Baltimore, Philadelphie, Nouvelle-Orléans, Cincinnati, Saint-Louis et Chicago, ont répondu : oui.

J'espère que votre voix ne sera pas discordante.

Qu'aucune arrière-pensée ne vous domine. Je saisirais en vous une telle préoccupation si la Californie n'intervenait que dans le but de souffrir le moins possible de l'acte liant les gouvernements de Washington et de Versailles.

En ce cas, je vous dirais : Ne vous joignez aux autres villes qui ont organisé des Comités locaux qu'avec l'intention formelle de profiter du traité attendu.

Une convention avec la France qui léserait les droits de la Californie, ne servirait pas les intérêts américains.

Prévenez cette lacune. Envoyez à Paris des mandataires qui parlent en votre nom avec autorité.

Pendant que l'Europe, occupée de vaines querelles, négligeait de construire une ligne ferrée qui eût relié Londres et Paris à Shanghaï, et eût porté la vie aux races agonisantes de l'Orient, vous terminiez le chemin de fer du Pacifique, et vous vous prépariez à disputer à l'Europe les marchés de la Chine et du Japon.

La France applaudit toujours aux victoires de l'homme sur les choses. Elle vous a crié : Bravo ! sans se demander si l'entreprise n'allait pas nuire au canal de Suez.

Aujourd'hui, la République du 4 Septembre, sortie des épreuves, vous propose un pacte d'alliance pratique et utile.

Vous accepterez cette offre toute spontanée.

Si aucun traité ne réglait bientôt les intérêts des deux peuples, la situation actuelle, déjà si anormale, deviendrait beaucoup plus critique. La France fermerait complétement ses ports aux articles d'Amérique, et les États-Unis, par représailles, prohiberaient les marchandises françaises. Pour les peuples, comme pour les individus, l'isolement provoque le soupçon et semble justifier les mesures les moins justifiables.

Rendez impossible cet antagonisme, qui ferait perdre tant de millions à vos exportateurs et aux nôtres.

La distance qui sépare San-Francisco de New-York est plus longue que la traversée de New-York au Havre. Pour vous voir, j'ai franchi deux océans. Le premier avait des orages et des vagues écumantes. Sur l'autre, malgré les neiges des Montagnes-Rocheuses, j'ai senti la douce rosée que semblent répandre les cœurs sympathiques. Je préfère le second.

Aussitôt après l'ajournement de la Chambre, M. Léon Chotteau a reçu les félicitations de tous les membres de l'assemblée.

M. Forest, consul de France à San-Francisco, connaît fort bien la Californie. Après avoir aidé le délégué français de ses conseils, il a organisé, en l'honneur de M. Chotteau, un dîner où ne cessa de régner une bonne et franche cordialité.

XII

WASHINGTON

Organisation du Comité Américain.—Meeting du 6 juin 1878.

PRÉSIDENT : J.-B. EUSTIS, SÉNATEUR

Il y a près de deux mois, des membres influents du Congrès m'ont dit : Portez l'invitation du Comité français au peuple des Etats-Unis; allez et espérez.

J'ai visité les centres manufacturiers où le génie de votre nation s'affirme avec le plus d'éclat et de force.

Partout, je me plais à le constater, on m'a accueilli avec cette bienveillance que vos concitoyens apportent toujours dans l'examen d'une question posée loyalement.

Au milieu de vous, je me rappelle que j'ai pu tromper certaines prévisions. Des amis, jaloux de m'éviter une fatale déconvenue, me déclaraient, à New-York, dans les derniers jours d'avril : Si vous suivez l'itinéraire que vous entendez suivre, si vous allez à la Nouvelle-Orléans, à Cincinnati, Saint-Louis, Chicago et San-Francisco, vous ne serez à Washington qu'à la fin de juin. Alors le Congrès se sera ajourné et vous arriverez trop tard.

J'ai répondu à ces amis prévoyants : Je remplirai de point en point le programme que je m'impose, et je débarquerai à Washington à la fin de mai.

J'étais ici le 30 mai. J'y aurais été le 20, si une fausse direction, prise sur un faux renseignement, ne m'avait occasionné la perte d'un jour.

Vous me pardonnerez ces vingt-quatre heures non consacrées à servir la cause que vous entendez faire triompher.

A Paris, les délégués choisis par chaque Comité local vont être en présence des plus dignes représentants de la France commerciale et républicaine.

Ils éviteront l'erreur où tombent mes compatriotes aux Etats-Unis, lorsqu'ils se plaignent de ne pas voir Paris en Amérique. Washington ne sera pas non plus sur les rives de la Seine. Je vous en préviens.

Tout peuple a ses habitudes et ses usages. La générosité

consiste à accepter les uns et les autres sans aucun parti pris de dénigrement. Vos délégués seront généreux.

Bien plus, ils seront justes. Ils gratteront le Français qui leur paraîtra n'avoir reçu en partage que de nombreux défauts; et, sous l'écorce où semble percer la légèreté, ils découvriront un être sérieux et bon.

Si la vieille Europe cherche un jour de nouveaux éléments de vie, elle les trouvera dans le gouvernement républicain tel que vous le pratiquez aux États-Unis.

En 1680, l'agent de l'Angleterre voulait taxer les marchandises introduites dans le Delaware. Les colons protestèrent. On ne pouvait leur imposer une pareille charge sans les consulter. On leur avait donné, non-seulement le sol, mais encore le gouvernement. Seule, la possession du gouvernement les avait décidés à acquérir le sol. Ils ajoutaient : « Quand on est prévoyant, la question du gouvernement a plus d'importance que la question du sol. Qu'est-ce, en effet, que de bonnes terres sans de bonnes lois? Plus ces terres seraient bonnes, et plus l'absence d'une législation équitable rendrait l'état de choses intolérable. »

Un siècle plus tard, les soldats de Washington devenus législateurs, votèrent ces « bonnes lois » si ardemment désirées.

Aujourd'hui, vous qui siégez, par la volonté du peuple, dans la Chambre des représentants et dans le Sénat, vous vous efforcez d'améliorer ces lois. Un élan patriotique vous pousse vers le bien et le mieux. Après avoir doté votre pays d'une agriculture prospère, vous ménagez à la République une industrie florissante.

Je viens de traverser vos montagnes rocheuses qui semblaient dire aux constructeurs du chemin de fer du Pacifique : Vous n'irez pas plus loin. Et j'ai vu vos plaines de l'extrême ouest. Souvent, le désert aride et stérile a frappé mes regards. Savez-vous ce que je pensais, perdu dans ces immensités que les antilopes parcourent encore sans trop d'inquiétude? Je pensais : un jour, qui n'est peut-être pas très-éloigné, ces terres ingrates donneront de riches moissons; et, au pied de ces montagnes couvertes de neige, se bâtiront des usines.

C'est que votre législation favorise le travail. Elle provoque même l'activité.

Vous suivez la politique qui a pour but le développement des forces économiques d'un grand pays. Là est le salut.

Je vous savais animés des dispositions que je constate en vous. Voilà pourquoi je suis venu ici avec confiance.

La France se possède enfin. Elle n'avait, jusqu'en 1870, entrevu l'aurore de la liberté, que pour se replonger dans les hontes du pouvoir personnel. Rappelez-vous la République apparaissant deux fois à Paris, et mitraillée deux fois dans les journées du 18 brumaire, an VIII, et du 2 décembre 1851.

Aujourd'hui, le peuple français, mûri par l'expérience, déjoue les machinations des ennemis de son repos, et vous tend la main à travers l'Atlantique.

Vous acceptez l'étreinte, et vous voulez que, du rapprochement actuel, naisse un progrès durable.

Le traité de commerce franco-américain viendra combler vos vœux et les nôtres. Peut-être, dans le pacte d'alliance, n'atteindrons-nous pas tout d'un coup à la perfection que visent nos efforts. Mais si nous sommes patients et persévérants, nous parviendrons à corriger notre œuvre, et à nous mieux affermir sur le terrain de la production où nous attendent la prospérité et le bonheur.

Au moment de faire voile pour la France, j'éprouve un cruel embarras. Je voudrais remercier ici toutes les personnes qui ont soutenu mon courage; mais ne vais-je pas commettre de regrettables oublis? La prudence me conseille de ne vous citer qu'un nom. Ce nom, si vous le permettez, sera celui de notre honorable Président, de M. le sénateur J.-B. Eustis.

Que M. Eustis soit mon interprète auprès de ses collègues du Sénat et de la Chambre. Il se rappellera que la presse américaine a droit à une large part de ma reconnaissance.

Un dernier mot :

Le *Saint-Laurent* me remportera le 12 juin. En m'embarquant, je n'aurai qu'un désir : vous revoir bientôt.

EXTRAITS DES JOURNAUX AMÉRICAINS

LE NEW-YORK HERALD (du 9 juin 1878)

Le *Herald* du 9 juin annonce que M. Léon Chotteau, délégué du Comité français, doit s'embarquer pour la France le 12 juin à bord du *Saint-Laurent*.

Voici dans quels termes le grand journal américain rend compte du succès de la mission de M. Chotteau :

La visite de M. Léon Chotteau aux Etats-Unis dans le but de s'assurer la coopération des principaux représentants du commerce à la négociation d'un traité commercial franco-américain a été couronnée d'un succès marqué.

Les Boards of Trade des principaux centres manufacturiers et des ports d'importation et d'exportation ont consenti à participer à une discussion préliminaire par l'intermédiaire de Comités spéciaux, et il est probable que le projet d'un Congrès commercial franco-américain, qui se réunirait à Paris cette année, sera mis à exécution.

Les progrès faits par les diverses branches de l'industrie dans notre pays indiquent que nous serons bientôt affranchis de l'obligation d'importer; mais comme la vie du commerce est l'échange des produits et que nous ne devons pas nous attendre à vendre là où nous ne consentirons pas à acheter, la nécessité d'une entente complète à l'égard de nos relations commerciales avec d'autres pays nous obligera à ouvrir nos ports aux marchandises des nations amies à des conditions favorables.

La France a toujours montré une si vive amitié pour les Etats-Unis que nous pouvons cultiver avec avantage les relations commerciales les plus étroites avec elle; nous avons l'assurance qu'aussi longtemps que la France restera républicaine, nos rapports avec elle seront basés sur une confiance mutuelle. Nous avons besoin d'un marché pour l'excédant de nos produits, et la France a besoin de ceux-ci pour alimenter ses nombreuses industries. Nous espérons donc que les négociations en vue de conclure un traité de commerce donneront des résultats satisfaisants.

THE EVENING POST (du 9 juin).

M. Chotteau mérite d'être félicité de l'énergie et de l'habileté qu'il a déployées dans sa mission en ce pays, en faveur d'un traité de commerce spécial entre la France et les Etats-Unis.

Ses discours sur ce sujet ont été remarquablement heureux et convaincants, et la meilleure preuve en est dans l'intérêt général qu'il a éveillé de Boston à la Nouvelle-Orléans et à San-Francisco.

Le sujet de notre commerce étranger embrasse le monde entier, et nos citoyens ne peuvent guère examiner la praticabilité d'augmenter leur commerce avec la France sans penser à la possibilité et au profit de l'augmenter aussi avec d'autres parties du monde. En ce sens, les travaux efficaces accomplis ici par M. Chotteau, pourront produire des résultats très-avantageux pour tout le pays.

LE COURRIER DES ÉTATS-UNIS (du 9 Juin).

La mission de M. Léon Chotteau en Amérique est terminée, et nous faisons simplement acte de stricte justice en reconnaissant que l'honorable délégué du Comité français a rempli son mandat avec une activité, une ardeur et une intelligence qui doivent lui valoir les plus vives félicitations de ses commettants. On ne saurait se dissimuler, et il a pu le reconnaître lui-même en arrivant dans ce pays, qu'il se trouvait en présence de circonstances extrêmement défavorables. Les questions d'économie politique sont ici, plus que partout ailleurs peut-être, affectées par des intérêts spéciaux, tenant particulièrement à la condition transitoire, et, en quelque sorte, à l'état d'incubation de la plupart des industries nationales, ou en voie de se nationaliser.

Au moment même où M. Chotteau se présentait devant les industriels et les négociants américains, un remaniement des tarifs était sur le chantier, et il existait de grandes défiances à l'égard de tout ce qui se rattachait de près ou de loin à ce mouvement.

Toucher à l'arche sainte de la protection eût été une témérité qui aurait immédiatement soulevé des préventions irréconciliables, et M. Chotteau avait à louvoyer entre les écueils des systèmes, où il aurait infailliblement échoué, si dès le début il n'avait pas apporté une netteté et un tact extrêmes dans l'exposé de ses vues et dans l'explication de sa mission. Il a su comprendre combien la situation était délicate, combien étaient chatouilleux les intérêts auxquels il s'adressait, et il a pris le bon parti, celui de la clarté et de la franchise. Il est allé droit au but ; il s'est abstenu de toute discussion, voire même de toute allusion théorique ; il s'est défendu de toute sollicitation qui aurait pu le faire dévier de la ligne de neutralité qui lui était tracée par la nature même de son mandat, et dans toute sa conduite et dans toutes ses paroles, les Américains n'ont pu voir autre chose que cette pensée, dont sont inspirés toutes ses démarches et tous ses discours : le commerce français et le commerce américain ne peuvent manquer de trouver des avantages mutuels dans un concert préparé en commun après une étude consciencieuse et approfondie de leurs intérêts réciproques. Unissez-vous à nous sur le pied de la plus parfaite égalité pour faire cette étude, et, quels qu'en soient les résultats, il y aura profit pour les deux nations.

M. Chotteau n'a pas eu seulement le bon sens de se renfermer dans cette thèse, il a eu le talent de convaincre les Américains, même les plus méticuleux, de sa bonne foi et de celle du Comité dont il était le représentant ; et une fois la glace rompue, ce qui n'était pas une tâche facile, il n'a plus rencontré partout qu'un accueil sympathique et des dispositions favorables. Son infatigable activité, son entente des affaires, et le sens pratique avec lequel il est entré dans le caractère américain, ont fait le reste. Arrivé à New-York, le 14 mars, il a, en moins de trois mois, visité les principaux centres d'affaires des États-Unis, de l'Atlantique au Pacifique, des grands lacs au golfe du Mexique. Il a obtenu des réunions et provoqué des délibérations de dix chambres de commerce, prononcé des discours devant chacune d'elles, et finalement réussi à faire instituer autant de Comités pour former une délégation qui se joindra, à Paris, au Comité français, composé d'un nombre de membres égal à celui des membres américains.

Les villes qui ont nommé des Comités sont celles de New-York, Boston, Philadelphie, Baltimore, Washington, Cincinnati, Saint-Louis, Chicago, la Nouvelle-Orléans et San-Francisco.

Les délégués seront au nombre de cinquante, et la réunion du congrès franco-américain, dont ils formeront la moitié, se réunira à Paris le 7 août.

Le sénateur Butler, de la Caroline du Sud, sera le président de la délégation américaine, et MM. Elliot C. Cowdin, de New-York ; Nathan Appleton, de Boston, et A. Pollock, de Washington, en seront les vice-présidents ; M. E. Brulatour, de la Louisiane, le secrétaire.

L'œuvre préliminaire est donc heureusement achevée. Quant aux conséquences, il n'est pas facile de les prévoir assurément.

Les deux questions qui se présentent sont celles-ci : la conférence s'accordera-t-elle sur les bases d'un traité de réciprocité

commerciale entre la France et les Etats-Unis? En cas d'affirma-
tion, un tel traité sera-t-il sanctionné par les deux gouvernements?

Sur la première question, il y a peu de doute à conserver.
Quelles que soient les concessions mutuelles que puissent se faire
les deux nations sans sacrifier des intérêts dominants, on doit
tenir pour certain qu'un conseil composé de cent hommes choisis
parmi les plus distingués et les plus compétents des deux nations,
saura trouver la limite de ces concessions dans une mesure
également acceptable de part et d'autre.

Cela étant admis, et un projet de traité étant formulé sur ces
bases, il n'est point douteux, à notre avis, qu'il ne fût sanctionné
par les deux Chambres du Parlement français. Mais nous n'avons
pas la même assurance en ce qui concerne le Congrès américain,
où il y a toujours lieu de craindre que les intérêts de parti ne
dominent les intérêts généraux.

Cependant, malgré le rejet récent du *bill* du tarif présenté par
M. Wood, sous les auspices du comité des Voies et Moyens, nous
croyons que l'idée d'une réforme douanière a fait assez de progrès dans les deux Chambres pour qu'une combinaison de la
nature de celle qui sera préparée par la conférence ait de
grandes chances d'y être accueillie avec faveur.

Déjà nous savons que des hommes influents dans les deux
partis sont acquis à une mesure de ce genre; il suffit de citer les
noms de MM. Hill, Butler, Sargent, Dawes, Barnum, Matthews, etc.;
au Sénat, Willis, Gibson, Banks, Cox, Acklen, Tucker, Morse, etc.,
à la Chambre, pour concevoir les meilleures espérances.

Le terrain est préparé à ce point, et l'idée a tellement fait son
chemin qu'hier même, M. Morse, du Massachusetts, un des représentants les plus autorisés en matière commerciale, a proposé à
la Chambre de prendre à l'égard de l'Angleterre une initiative
analogue à celle que le Comité français a prise à l'égard des
Etats-Unis.

Une résolution déposée par M. Morse porte que le président
sera invité à nommer une commission chargée de concerter avec
une semblable commission britannique les bases d'un traité de
réciprocité avec la Grande-Bretagne.

Ce mouvement est assurément d'un bon augure, et nous donne
lieu d'espérer de bons résultats de la conférence franco-américaine.

RÉCEPTION DU DÉLÉGUÉ FRANÇAIS

Dans une réunion du Comité français, tenue à Paris le 21 juin 1878, il fut décidé que M. Edmond Dutemple, secrétaire du Comité, se rendrait au Havre accompagné de MM. Edward King, correspondant du *Boston journal*, et J. Kremer, directeur de la *Continental Gazette* pour recevoir le délégué et pour le présenter aux négociants havrais.

BANQUET OFFERT

A BORD DU SAINT-LAURENT

Par les Négociants du Havre au Délégué du Comité français

le 24 Juin 1878.

Les négociants havrais, qui avaient suivi avec un très-vif intérêt la campagne entreprise aux Etats-Unis par le délégué du Comité français, ayant appris que M. Léon Chotteau revenait en France à bord du *Saint-Laurent* et débarquerait au Havre le 23 juin, se sont réunis et ont adressé la lettre suivante à leurs concitoyens :

Havre, 22 juin 1878.

Monsieur et cher concitoyen,

Vous savez qu'un Comité, composé de députés, de sénateurs et de notabilités commerciales, industrielles et financières, s'est constitué au mois de février à Paris pour provoquer un mouvement tendant à abaisser les tarifs douaniers, qui prohibent nos produits à l'entrée des Etats-Unis.

Dans ce but, ce comité a envoyé en Amérique un délégué, M. Léon Chotteau.

La mission de M. Léon Chotteau a parfaitement réussi : dix Comités fonctionnent dans les principales villes de l'Union, un Comité national est constitué à Washington, et 50 délégués seront envoyés à Paris pour le Congrès qui sera tenu le 7 août.

M. Chotteau est attendu au Havre par le *Saint-Laurent*.

Nous avons pensé qu'il serait bon de faire accueil au délégué du Comité français et de lui offrir un banquet à bord du paquebot qui le ramène.

La ville du Havre est trop intéressée à voir se développer les relations commerciales avec les Etats-Unis, pour que vous n'approuviez point l'idée à laquelle nous vous demandons de vous associer.

Le banquet aura lieu lundi, à sept heures du soir.

Cette lettre était signée de huit négociants, dont deux étaient membres de la Chambre de commerce du Havre.

Le banquet eut lieu le lundi soir 24, à bord du *Saint-Laurent*, mis gracieusement à la disposition du Comité havrais par la Compagnie transatlantique.

DEUXIEME CAMPAGNE

Du 20 janvier au 16 juillet 1879.

M. Léon Chotteau arriva à New-York dans la matinée du 20 janvier 1879, à bord du steamer *Amérique*. La traversée avait été longue et périlleuse. « Sans la prudence du capitaine Delort, nous écrivait notre délégué le 22 janvier, nous restions en route. » Et il ajoutait : « J'ai été très-malade. » Le récit suivant, que nous empruntons au *Courrier des États-Unis* du 21 janvier, montrera à quel point le danger était sérieux :

Le steamer de la Compagnie transatlantique *Amérique*, capitaine Delort, est arrivé hier matin à New-York après une des plus rudes traversées de la saison. Nous avons dit comment le départ de l'*Amérique* avait été retardé de douze heures par l'accident arrivé au steamer allemand *Herder*. Parti du Havre avec beau temps, quoique avec une forte houle, le dimanche 5, à 5 heures du matin, l'*Amérique* a été assaillie le 7, par un coup de vent de l'ouest, sous l'impulsion duquel la mer est devenue très-dure. Le 8, après une accalmie, un violent ouragan s'est déchaîné, et a duré presque sans interruption jusqu'au 17 avec des vents furieux variant incessamment du nord-ouest au sud-ouest. Le 17 enfin, après une dernière convulsion des éléments, les vents ont molli en franchissant au nord; le 18, le temps est devenu maniable; le 19, il était beau, et hier matin 20, le steamer arrivait sain et sauf à son dock.

Pendant tout ce temps, le baromètre s'est tenu excessivement bas : dans l'ouragan du 9, il est descendu à 720 degrés. L'*Amérique* s'est admirablement comportée. Dans la nuit du 12 au 13, au plus fort de la tempête, elle s'est trouvée un instant dans une situation critique. La chaîne des drosses du gouvernail s'est rompue; la mer était énorme. Cependant, en quinze minutes, la barre arrière du gouvernail a été installée. Dans cet intervalle, le bâtiment, quoique livré à lui-même, s'est tenu constamment sous l'impulsion de la machine, presque debout à la lame. Le 15 et le 16, dans des grains violents, il est tombé une grande quantité de neige qui, en s'accumulant sur le pont, se transformait instantanément en morceaux de glace. Le pont était absolument impraticable, et on a dû l'interdire aux passagers. Grâce à l'habileté du commandement, à l'énergie des officiers et à la discipline de l'équipage, aucun accident ne s'est produit pendant cette dangereuse traversée.

Le *Courrier des États-Unis*, du 23 janvier, raconte ainsi qu'on va le voir un banquet qui a eu lieu le mardi 21 à bord du vapeur *l'Amérique* :

Un dîner intime a réuni avant-hier une trentaine d'invités à bord du steamer *l'Amérique*, en l'honneur de 'M. Léon Chotteau, délégué du commerce français, revenu lundi matin à New-York, à bord de ce bâtiment. Au nombre des hôtes du commandant Delort, étaient MM. Louis de Bébian, agent de la Compagnie transatlantique; William Appleton, de la maison D. Appleton et Co; Nathan Appleton, de Boston; Paul Forbes, etc., et plusieurs membres de la presse.

Après le repas — conforme pour l'excellence aux traditions des transatlantiques français, — quelques toasts ont été échangés en français. M. Paul Forbes et M. Nathan Appleton ont rappelé les liens qui unissent l'Amérique à la France, et, sur une gracieuse allusion faite à M. Chotteau, celui-ci a porté le toast suivant :

« Je remarque à bord de *l'Amérique* les représentants de plusieurs grands journaux de New-York.
» Permettez-moi de boire à la presse américaine.
» L'année dernière, à mon arrivée ici, j'avoue en toute sincérité que j'ignorais absolument de quelle manière j'allais engager la lutte. La presse américaine m'a, en quelque sorte, pris par la main. Elle m'a fait espérer. Je ne saurais trop lui en exprimer ma reconnaissance. Les organes qui ont secondé mes efforts ont servi les grands intérêts de leur pays. J'aime à croire que leur appui ne me fera pas défaut dans ma nouvelle campagne. Qu'ils favorisent l'œuvre commencée, non dans le but de m'être agréable, qu'importe ma personnalité, mais au point de vue du progrès à réaliser.
» Messieurs les journalistes américains, venez nous voir à Paris. Embarquez-vous à bord d'un navire de la ligne française, et autant que possible, sur *l'Amérique*. Ici, vous trouverez pour commandant un brave et loyal officier, M. Delort, qui vous inspirera une confiance absolue. Vous avez parlé aujourd'hui de notre traversée. La nuit où nous avons couru un sérieux danger, le commandant Delort est passé près de ma cabine, en jetant cet ordre : « Faites diminuer à 44. » Je me suis dit : Je ne sais pas du tout ce que cela signifie, mais je dors. » Et j'ai fermé les yeux, persuadé que l'homme qui nous dirigeait saurait bien nous tirer de ce mauvais pas.
» Je ne me suis pas trompé, puisque j'ai le plaisir de me sentir au milieu de vous.
» Je bois à la presse américaine. »

De chaleureux applaudissements suivis de bonnes promesses de concours ont accueilli le toast de M. Chotteau, et la soirée s'est achevée au milieu de conversations toutes familières.

Tous les journaux de New-York ont annoncé l'arrivée du délégué du Comité français. Le plus influent d'entre eux, le *New-York Herald*, a consacré à cet événement un article d'une colonne.

LE DÉLÉGUÉ FRANÇAIS AU LOTOS-CLUB

M. Chotteau a visité le « Lotos-Club» de New-York. Le *Courrier des Etats-Unis* raconte ainsi cette visite :

Le Lotos-Club a donné avant-hier une de ces fêtes intellectuelles dont il s'est fait une spécialité. Il s'agissait d'offrir une réception de bienvenue à M. Richard Mc Cormick, commissaire général des Etats-Unis à l'Exposition universelle de Paris d'où il est revenu récemment. Un grand nombre de personnes de distinction étaient parmi les invités, entre autres M. Léon Chotteau, délégué du commerce français en Amérique; M. Mc Cormick a fait un petit speech qui fut salué par de gais applaudissements; M. Léon Chotteau a dit quelques mots dans lesquels il a rappelé les sympathies que s'était créées M. Mc Cormick à Paris, et les services qu'il avait rendus à ses compatriotes.

I

BOSTON

Board of Trade. — *Réunion du 20 janvier* 1870.

PRÉSIDENT : RUFUS S. FROST

En quittant votre pays au mois de juin dernier, je gardais l'espoir d'obtenir, du Comité français, une seconde mission. Me voici encore au milieu de vous. Si je rencontre, dans ma nouvelle campagne, des hésitations, des scrupules ou même des résistances, vous m'aiderez à vaincre les obstacles que la timidité inconsciente et la passion aveugle opposent parfois aux entreprises franchement conçues et loyalement conduites.

Depuis le jour où les membres du Comité français, ralliés à la voix de M. Menier, m'ont confié la tâche difficile que je m'efforce de mener à bien, jamais une arrière-pensée n'est venue me solliciter. D'ailleurs, si pendant une heure, une minute, j'avais résolu de vous tromper, vous auriez bien vite découvert la supercherie.

Peut-être vous posez-vous cette question : Pourquoi la

5

France a-t-elle pris l'initiative du mouvement franco-américain? Voilà deux pays, la France et les Etats-Unis, qui souf-
frent de l'absence d'un traité de commerce ! La France réclame
une convention. En devez-vous conclure que la France a plus
d'intérêt que les Etats-Unis à sortir de l'état de choses actuel?
Non. L'intérêt est aussi grand et aussi pressant à Washington qu'à Versailles. Mais il fallait bien que l'initiative vînt de
quelque part. Elle est venue de Paris. Acceptez-la, et ne sus-
pectez-pas mes compatriotes.

Deux anciens amis se fuient et s'isolent. Bientôt, ils subissent toutes les conséquences fàcheuses d'une séparation que
rien ne motive ni n'excuse. Un beau jour, l'un de ces deux
amis accoste l'autre et lui tend la main. L'autre va-t-il refuser l'étreinte sous prétexte qu'il aurait dû avoir lui-même le
bon mouvement qu'il approuve et encourage tout bas? Non,
messieurs. La nature humaine qui suit sa loi cède toujours
en pareil cas, et trouve, dans sa défaillance, le secret de sa
grandeur. Recevez donc l'offre de la France sans vous demander si l'appel, venu de Paris, n'aurait pas dû partir d'un
point quelconque des Etats-Unis. D'ailleurs, persuadez-vous
bien que les membres du Comité français ne revendiquent
la priorité que pour mieux s'engager d'avance à compenser,
d'une manière équitable, les avantages attendus d'un contrat destiné à favoriser la prospérité des deux grandes Républiques.

Dans l'année 1878, les exportations de Boston se sont élevées à 50,655,179 dollars. Les importations à Boston représentent la somme de 36,682,228 dollars. Total en un an, de
votre commerce avec l'étranger : 87,337,407 dollars.

Vos exportations dépassent vos importations de près de
14 millions de dollars. Bon indice, certes. Si vous demandiez
à vos voisins et à l'Europe plus que vous ne leur donnez,
vous verriez, dans un avenir plus ou moins éloigné, s'accuser chez vous la disette et la ruine.

Aujourd'hui, je vous propose d'accentuer le succès obtenu
par votre travail, c'est-à-dire d'augmenter encore vos exportations. Vais-je vous conduire à appauvrir la douane, qui reçoit annuellement, du port de Boston, plus de 12 millions de
dollars? Pas le moins du monde, puisque, si des articles
français sont frappés de droits moins élevés, ils viendront
plus nombreux, et rapporteront davantage au Trésor de Washington. Quant au surplus des importations de France, que

je vous laisse prévoir, vous saurez le fixer vous-mêmes par une réglementation sincère, de manière à ne pas compromettre votre situation d'aujourd'hui.

Le commerce de Boston avec la France (exportations et importations réunies), de 229,497 dollars en 1874, tombe à 86,208 dollars en 1875; à 68,387 dollars en 1876; se relève à 91,088 dollars en 1877, et atteint le chiffre de 147,261 dollars en 1878.

Pendant ces cinq années, les importations françaises à Boston subissent les variations suivantes : 109,667; 86,208; 68,387; 75,540 et 21,013 dollars; mais vous n'avez rien exporté en France, ni en 1875, ni en 1876.

En 1877 et en 1878, Boston envoie en France pour 15,548 et 125,348 dollars de marchandises.

Résultat heureux. Pourtant, une lacune, pareille à celle de 1875-1876, vous menacera tant que Boston ne verra pas ses relations commerciales affermies et consolidées au moyen d'un traité de réciprocité.

Prenons, si vous le voulez bien, les principaux articles quittant vos rivages.

Vous expédiez des cotons manufacturés aux Indes, en Afrique, en Angleterre, et un peu partout dans le monde. D'où vient que je ne remarque pas la France au nombre de vos débouchés ? Tout simplement parce que le tarif général français frappe le coton manufacturé d'une prohibition absolue.

Vous exportez également du poisson. Le poisson salé paie en France 48 francs les 100 kilos. Le tarif conventionnel impose le même droit. Mais le poisson en boîtes, en vertu de la clause de la nation la plus favorisée, paie 10 fr. au lieu de 30. Le homard et le saumon profitent de la même réduction, toujours par 100 kilos.

En ce qui touche votre commerce extérieur de beurre et de fromage, le beurre est libéralement traité en France; mais le fromage est soumis à une taxe de 18 francs les 100 kilos. Le tarif conventionnel réduit ces 18 francs à 4 francs.

Beaucoup de gallons de rhum de Medford s'éloignent de votre port. Eh bien ! le rhum est soumis en France, par le tarif général, à 30 francs, et par le tarif conventionnel à 15 francs l'hectolitre, ou environ 26 gallons.

Votre huile de baleine est taxée à 6 francs pour 200 livres

par les deux tarifs; mais vous pouvez demander une réduction.

Les lignes Cunard, Warren, Thayer et Lincoln emportent
chaque année de Boston, en destination de Liverpool, avec
les articles que je viens d'énumérer, du cuir. Or, le cuir manufacturé est prohibé en France. Le cuir brut, de 54 0/0, ne
subit plus que 10 0/0 avec le tarif conventionnel.

Vous apercevez en quoi la clause de la nation la plus favorisée peut doubler votre chiffre d'affaires avec la France. Cette
clause viendra sûrement encourager votre commerce de
viande conservée, d'animaux vivants et de fruits.

Quelles concessions devrez-vous accorder à la France ?
Prononcez-vous, messieurs, en toute liberté. Je suis venu
vers vous pour être l'écho fidèle de vos désirs et de vos
vœux.

Permettez-moi, cependant, de vous communiquer l'extrait
suivant d'une lettre qu'un citoyen du Massachusetts m'a écrite
à New-York la semaine dernière : « Depuis quelques années,
beaucoup de familles se sont fixées dans les centres industriels
des Etats de la Nouvelle-Angleterre. Grâce aux efforts d'hommes dévoués, on a ouvert des écoles, et l'on tente de propager le goût de la lecture et des études sérieuses. Avec le tarif
américain actuel, on ne peut introduire ici les ouvrages publiés en France. Doit-on espérer que les *Boards of Trade* et
les Chambres de commerce se prononceront en faveur d'une
réduction de droits? Telle est la question que j'ose vous soumettre. »

Les livres, messieurs, affranchis par le tarif conventionnel
français, sont frappés de 25 0,0 par le tarif général américain.

Vous êtes l'Athènes des Etats-Unis. Dites si ce droit de
25 0/0 doit être maintenu.

Après la conférence de Paris, nous avons bravement réclamé les avis des intéressés. Des Chambres de commerce de
France ont approuvé sans réserve un projet voté. D'autres
Chambres ont offert des modifications. D'autres encore ont
déclaré que le projet était tout à l'avantage des Etats-Unis,
et ont même espéré que jamais le parlement de Versailles ne
voterait un pareil traité.

Aux Etats-Unis, je voudrais continuer l'enquête commencée en France.

La marche la plus sûre, selon moi, consiste à étudier les

industries d'une région, et à montrer combien ces industries peuvent gagner par un traité avec la France. Le gain probable viendra vous rassurer, et nous nous efforcerons de vous éviter une perte. Car nous ne complotons la ruine d'aucune industrie américaine.

La marche que je vous indique vous permet d'échapper aux spéculations aventureuses. Vous avez admis l'année dernière l'idée d'un traité de commerce. Vous devez cette année me suivre avec courage dans mes déductions, et fixer avec moi l'influence qu'une telle convention exercera sur votre prospérité future.

Etranger sur le territoire américain, et jouissant chez vous d'une hospitalité généreuse, j'ai cru vous témoigner mon respect, en allant exposer, au Président de votre grande République, mon espoir et ma foi. Le président Hayes m'a reçu avec toute la bienveillance que je pouvais attendre de votre premier magistrat. Je lui ai dit que l'objet de ma seconde mission était de recueillir les rapports des *Boards of Trade* et des Chambres de commerce sur la question posée d'un traité de commerce avec la France. Vous ne refuserez pas d'émettre votre avis.

Vos décisions et vos résolutions exercent une autorité légitime. C'est que vous êtes des hommes prudents et sages, incapables de compromettre le bien d'aujourd'hui en vue du mieux imaginaire de demain. Je fais appel à votre prudence et à votre sagesse.

Cette réunion a été suivie d'un banquet, dont les journaux de New-York ont jugé utile de rendre compte à cause de l'importance des discours qui y ont été prononcés. On lit, en effet, sous le titre : *France et Amérique*, dans le *New-York Herald* du 4 février, le télégramme suivant :

BANQUET OFFERT A M. LÉON CHOTTEAU, A BOSTON

FÉLICITATIONS AU PRÉSIDENT GRÉVY

Boston, 3 février 1879.

Ce soir, un banquet a été offert, dans les salons de Carl Vossler, Hawley street, par Nathan Appleton à Léon Chotteau, délégué du Comité français pour le traité de commerce franco-américain. A table, on comptait environ trente personnes représentant, toutes, les intérêts

commerciaux de la cité. D'excellents discours ont été prononcés, tant
au nom de la France qu'en celui de l'Amérique. En outre de M. Chotteau, on remarquait le vice-consul de France, le consul allemand,
le percepteur Beard, John W. Candler, ex-président du *Board of Trade*
de Boston ; Curtis Guild, M. P. Kennard, et George M. Towle. Les ora-
teurs se sont attachés à mettre en lumière les avantages que les deux
pays devront trouver dans un abaissement réciproque des tarifs. Durant la soirée, on a envoyé à Paris le télégramme que voici :

« *A Jules Grévy, président de la République française.*

« Des citoyens des deux républiques, réunis à un banquet pour le
traité de commerce franco-américain, vous envoient leurs félicitations
et leurs meilleurs souhaits.

« NATHAN APPLETON.
« LÉON CHOTTEAU. »

Ces discours, ajoute le correspondant du *New-York Herald*, ont eu
un grand succès. Avant la fin du banquet, un Comité a été formé dans
le but de convoquer dans une des plus vastes salles de Boston (Faneuil
Hall) un meeting public qui exprimera la sympathie des Américain pour
la République française.

De son côté, le *Courrier des Etat-Unis* a cru devoir revenir sur
le banquet de Boston. « Il y a été fait, dit-il, des observations utiles
non-seulement au point de vue spécial de l'amélioration des
relations commerciales entre la France et les Etats-Unis, mais
encore à l'égard de l'étude des questions d'échange international. »
Il analyse d'abord le discours de M. Nathan Appleton, qui s'est
étendu sur la situation économique si favorable faite à la France
par sa révolution politique, dont l'effet a été de mettre la pro-
priété du sol à la portée d'un très-grand nombre de Français.
L'orateur a montré ensuite que, bien que dans des voies différentes, l'Amérique a suivi une marche parallèle, et il a fait ainsi
ressortir l'absurdité du régime actuel qui, faute d'un traité de
commerce, empêche deux grandes nations amies d'échanger
leurs produits.

Le *Courrier* poursuit :

« M. Léon Chotteau a répondu à ce discours par une de ces
allocutions nettes et pittoresques qui lui sont familières : »

Je remercie, a-t-il dit, mon ami Nathan Appleton des paroles qu'il
vient de prononcer, et je vous remercie, messieurs, d'avoir applaudi
au discours de l'orateur.
Appleton est un peu Français ; mais je suis très-Américain. Dès lors,
vous vous expliquez comment votre compatriote et moi, nous ayons pu
si bien nous entendre.
J'espère laisser à Boston beaucoup d'Appleton, c'est-à-dire beaucoup

d'amis sincères de la France, et beaucoup de partisans du traité de commerce franco-américain.

En France, on vous aime aussi, ne l'oubliez pas. Et parmi ceux qui vous admirent et vous louent, je revendique l'une des premières places.

Il y a douze ans, j'avais appris à vous connaître dans les livres publiés sur votre grand pays. La longue persévérance de vos pères dans la lutte qui devait se terminer par l'affranchissement des colonies, et leur sagesse après la victoire, m'avaient porté à venir vous demander comment naît, comment grandit et se maintient la liberté. J'étais d'autant plus heureux de vous réclamer un peu d'air et de lumière que la France, soumise à l'Empire, étouffait et trébuchait.

A peine en route, je rencontrai un officier anglais qui, me voyant penché sur la carte des Etats-Unis, me jeta ces mots :

— Etrange pays !

Nous causâmes, et le noble insulaire finit par me dire :

— Vous partez républicain ; vous reviendrez royaliste.

La vérité, c'est que je suis retourné en France meilleur républicain que jamais ; votre contact avait affermi ma foi politique.

A cette époque, j'ai connu un homme vers lequel m'attira bientôt une vive sympathie, le général N.-P. Banks. Vous traversiez des heures sombres. Une guerre de quatre ans avait désolé vos Etats. Eh bien, au nombre des citoyens qui luttaient courageusement à Washington pour rétablir chez vous l'ordre et la paix, et assurer dans le monde le triomphe de l'idée républicaine, je remarquai N.-P. Banks, et lui témoignai ma reconnaissance comme s'il avait défendu les droits de ma patrie.

Vous devinez maintenant pourquoi le Comité français m'a confié la mission que vous voyez remplir. On a reconnu que mon cœur vous appartenait, et l'on a pensé que j'étais mieux préparé qu'un autre à rapprocher et à unir les intérêts des exportateurs américains et français.

Ne cherchez pas un autre mobile à mes actes. Je ne suis pas négociant ; je ne suis pas industriel, et n'ai d'autre préoccupation que l'ardent désir de vous amener à élargir la source de votre prospérité.

Lorsque je vous prie de me déclarer dans quels termes devra être conclu le traité de réciprocité pour ne pas vous nuire, je n'oublie pas que vous possédez à Washington un Président, des ministres, une Chambre des représentants et un Sénat. Mais votre gouvernement et votre Congrès ne demandent qu'à être éclairés par vos résolutions.

Vous ne tromperez pas leur attente, puisque le Comité chargé de présenter un rapport au *Board of Trade* de Boston vient d'être désigné.

Les membres de ce Comité, MM. John W. Candler, E.-R. Mudge, George William Bond, J.-M.-S. Williams et Jérome Jones, sauront échapper aux préventions qui obscurcissent la vérité, et faire leur devoir en honnêtes citoyens.

Je bois au premier magistrat de votre grande République, à M. le Président Hayes.

Le *collector* Beard a répondu au toast porté par M. Chotteau au Président des Etats-Unis par un toast au Président de la République française. Cet appel a fourni au vice-consul de France à Boston, M. Henry Verleye, l'occasion d'un excellent discours.

II

BALTIMORE

Board of Trade. — Réunion du 18 février 1879.

PRÉSIDENT : DECATUR H. MILLER

Je vais essayer de vous montrer en quoi peut vous intéresser un traité de commerce avec la France. Mais je suis tout d'abord tenu de répondre à certaine objection. On m'a dit :

— Permettez! un traité de commerce est l'œuvre de deux gouvernements, ratifiée par deux parlements. C'est donc à M. le secrétaire d'Etat Evarts, et à M. Waddington, ministre des affaires étrangères, de se consulter et de voir ce qu'il faut accomplir pour améliorer les relations commerciales de la France et des Etats-Unis, sauf à réclamer plus tard le concours du Congrès de Washington, de la Chambre et du Sénat de Versailles. Aujourd'hui, les *Boards of Trade* et les Chambres de commerce ne sauraient donner leur avis en Amérique sans manquer de respect aux membres du cabinet du président Hayes.

J'avoue, en toute sincérité, que cette objection, dans la bouche d'un Américain, m'a beaucoup surpris. Je me figurais que le peuple des Etats-Unis était un peuple libre, et que les citoyens de ce pays trouvaient la garantie même de leur liberté dans le droit d'indiquer à leur gouvernement la voie qui conduit au but entrevu par tous.

Rassurez-vous. Je n'ai pas changé d'avis à votre endroit. Vous êtes toujours la nation de 1776 ; et si votre gouvernement est solide, c'est qu'il est gouverné par vous, c'est-à-dire par l'opinion publique.

En vous consultant, je viens tout simplement vous prier d'exercer dans la nation votre part légitime de souveraineté. Je ne mérite donc aucun reproche, et M. Evarts ne m'en voudra pas. D'ailleurs, en France, nous avons procédé de la même manière.

Les Chambres de commerce nous ont adressé des rapports,

et les ministres de M. le Président Grévy ne se croient pas
diminués.

Peut-être, après tout, aurais-je pu me dispenser de venir
vous voir. Car le 20 novembre dernier, mon ami James
Hodges vous a révélé, en excellents termes, la nécessité pour
vous de soutenir et d'encourager la propagande en faveur
d'un traité de réciprocité. Si je me permets de prendre la
parole après M. Hodges, c'est pour compléter, en ce qui vous
concerne, le discours du 20 novembre. L'auteur vous a rappelé une légende. Tous les bons américains, après leur mort,
trouvent, assure-t-on, le paradis à Paris. Je pense qu'il est
possible de peupler le lieu de délices des Américains vivants.
Un tel progrès résulterait du développement imprimé au
commerce de vos exportateurs.

Voyons ce que Baltimore y gagnerait.

Le commerce extérieur de Baltimore, pour l'année qui
vient de s'écouler, se résume ainsi :

Exportations ....   55.256.226 dollars.
Importations ....   15.891.028   —
Excès de vos exportations sur
    vos importations , c'est-à-
    dire différence en votre fa-
    veur.....................   _____
                                  30.364.208 dollars.
Dans cette année 1878 , la
    douane de votre port a reçu   2.651.059   —
Si nous décomposons vos ex-
    portations, nous trouvons :
    Valeur des marchandises
    expédiées de Baltimore en
    Angleterre...............   27.826.567   —
En Allemagne...............   9.079.278   —
En France..................   8.425.987   —

La population de la France dépasse, de près de cinq millions, celle de l'Angleterre, et l'Angleterre, parmi vos lointains débouchés, tient le premier rang. Pourquoi?

Lorsque des hommes intelligents comme vous, messieurs,
se trouvent en présence d'un fait anormal, ils doivent, sans
hésiter, chercher la cause de l'anomalie qu'ils découvrent.

Livrons-nous ensemble, si vous le voulez bien, à cette in-
vestigation.

Prenons vos principaux articles d'exportation.

Le froment, le blé, le seigle, l'orge et la farine qui passent par Baltimore sont compris au tarif général français sous ce titre : Céréales (grains et farine).

Or, en 1878, vous avez expédié :

En Angleterre......................	27.710.374	bushels.
En France	7.120.206	—
Différence en moins pour la France..	20.590.178	bushels.

Mais les céréales entrent en franchise en Angleterre.

En France, le tarif général les traite ainsi :

Grains venant directement d'un pays hors d'Europe, 60 centimes par 100 kilogrammes ; venant des entrepôts d'Europe, 3 fr. 60 c. par 100 kilogrammes.

Farines venant directement d'un pays hors d'Europe, 60 centimes par 100 kilogrammes ; venant des entrepôts d'Europe, 4 fr. 20 c. par 100 kilogrammes.

Le tarif conventionnel maintient les mêmes droits. Vous pouvez cependant demander, dans une convention avec la France à ne payer que la taxe imposée aux pays d'Europe. Cette taxe est, pour les grains, de 60 centimes au lieu de 3 fr. 60 c., et de 1 fr. 20 c. au lieu de 4 fr. 20 c.

L'exemption existe en Allemagne, où vous avez exporté 324,010 bushels en 1878. Toutefois, le gouvernement allemand a proposé un droit de 1 franc par quintal sur le seigle et de 2 francs par quintal sur l'orge, l'avoine et le blé. Peut-être n'approuvez-vous pas beaucoup le projet. Si l'Allemagne était liée envers vous par un traité, elle ne pourrait modifier ainsi à votre préjudice l'état de chose actuel.

Vos viandes salées donnent ce résultat : Angleterre, 15,463,807 livres et 575 barriques ; Allemagne, 15,122,815 livres et 678 barriques ; France..., rien.

Le produit du Maryland, exempt en Angleterre, paye 3 fr. 75 cent. les 100 kilogrammes en Allemagne, et reste soumis en France à ce régime :

Tarif général, allant directement de vos rivages en France, 60 centimes et 4 pour cent par 100 kilogrammes bruts, plus 4 francs par 100 kilogrammes nets ; passant par un entrepôt d'Europe, 3 fr. 60 cent. et 4 pour 100 par 100 kilogrammes bruts, plus 4 francs par 100 kilogrammes nets.

Le tarif conventionnel n'impose que 60 centimes par 100

kilogrammes bruts, et 4 francs par 100 kilogrammes nets. Ce tarif réduit vous permettrait d'expédier en France du lard et du bœuf.

La France ne vous a pas demandé une livre de beurre, bien que l'Angleterre vous en ait pris 45,691 bushels. C'est que, en Angleterre, le beurre est exempt, et que, en France, il acquitte une taxe :

Tarif général, directement 2 fr. 50 cent. par 100 kilogrammes; par un entrepôt d'Europe, 5 fr. 50. Le tarif conventionnel, dans les deux cas, ne réclame que 2 fr. 50 cent.

Les fromages donnent lieu à une remarque semblable. Voyez plutôt :

Angleterre................... 77.042 bushels
France....................... Rien.

Vous soupçonnez que ce produit est affranchi par le tarif anglais. Vous ne vous trompez pas. En France, il est ainsi frappé : Tarif général, fromages blancs, de pâte molle, allant directement, 7 fr. 20 cent. les 100 kilogrammes; allant par un entrepôt, 10 fr. 20 cent. — Autres catégories 18 et 21 francs les 100 kilogrammes.

Tarif conventionnel, fromages blancs de pâte molle, 3 francs les 100 kilogrammes dans les deux cas; les autres, 4 francs.

Le pétrole est, pour Baltimore, une source de prospérité. Vos exportations de 1878 accusent :

Allemagne............... 21,811,273 gallons.
France 1,181,703   id.

Malgré les 3 fr. 75 c. qui grèvent ce produit en Allemagne, les Allemands vous ont demandé une quantité considérable de gallons. Pourquoi la France ne vous réclame-t-elle pas la même quantité?

Parce que : Tarif général français, à l'article huiles de pétrole et de schiste bruts, allant directement du pays de production, 30 centimes par kilogramme; passant par un entrepôt d'Europe, 30 centimes par kilogramme, plus 5 fr. par 100 kilogrammes.

Tarif conventionnel, 5 pour 100 sur la valeur, plus 23 centimes par kilogramme.

La condition qui résulte du tarif conventionnel est donc meilleure.

En ce qui touche les huiles de pétrole et de schiste rectifiées et épurées, je lis :

Tarif général : rectifiées dans le pays de production, directement, 37 fr. les 100 kilogrammes; d'un entrepôt, rectifiées
hors du pays de production, 42 fr. dans les deux cas.

Tarif conventionnel, 5 pour 100, plus 34 fr. 50 c. par
100 kilogrammes. Ici encore, avantage réel pour vous à
accepter le tarif conventionnel.

Votre tabac jouit en France d'une réputation méritée.
L'année dernière, vous avez vendu :

A l'Allemagne............... 66,605 caisses.
A l'Angleterre............... 19,891 —
A la France................. 15,476 —

Le tarif allemand porte : Tabac en feuilles, 30 fr. les 100 kilogrammes; fabriqué, 82 fr. 50 c.; cigares, 150 fr.

L'Angleterre fixe ainsi les droits : Tabac non fabriqué,
8 fr. 27 c. le kilogramme; fabriqué, suivant certaines catégories, 10 fr. 34 c., 11 fr. 03 c. et 12 fr. 41 c. le kilogramme.

En France, l'importation pour le compte des particuliers
est prohibée. Pour la régie, le tabac en feuilles ou en côtes
importé directement d'un pays hors d'Europe est exempt. Il
paye, s'il vient d'un entrepôt d'Europe, 6 fr. par 100 kilogrammes.

Le tarif conventionnel n'introduit aucune modification ;
mais vous avez toujours la faculté, en signant une convention avec la France, de discuter les termes du contrat, et de
réclamer les adoucissements nécessaires.

Vos écorces en sacs donnent ces chiffres :

Angleterre.................... 23.354
Allemagne.................... 18.146
France....................... 6.450

Dans les deux premiers pays, exemption absolue.

En France, le tarif général maintient l'exemption lorsque
les écorces viennent directement d'un pays hors d'Europe.
Si elles viennent par un entrepôt, le droit est de 3 fr., les
100 kilogrammes bruts.

Le tarif conventionnel, dans les deux cas, proclamait la
franchise. Mais, par suite de l'expiration du traité avec l'Au-

triche-Hongrie, les écorces médicinales non dénommées sont actuellement soumises à une taxe de 2 fr. par 100 kilogrammes.

Vous apercevez ici le jeu de la clause de la nation la plus favorisée. On vous accorde aujourd'hui sur un produit le droit d'entrée de 5 fr. Plus tard, sur le même produit, la douane française, vis-à-vis de l'Italie ou de la Suisse, consent à ne recevoir que 4 fr. Vous profitez de la nouvelle réduction et ne payez plus que 4 fr. Le jour cependant où le traité avec l'Italie ou la Suisse expire, vous repayez, comme devant, les 5 francs.

Le trouble qui peut en résulter pour vous, montre la nécessité de renouveler les contrats en temps opportun, ce qui n'empêche pas d'y introduire les améliorations attendues.

Vous avez adressé 1,191,000 pieds de bois à construire à l'Angleterre. Vous n'en n'avez envoyé que 262,000 pieds à la France. Aussi, franchise accordée par le tarif anglais. Le tarif général français dit :

Bois à construire de noyer ou de chêne, brut ou scié, venant directement, exempt; venant d'un entrepôt, 3 fr. les 100 kilogrammes bruts. Autres sciés, directement, 0 fr. 06 c. les 100 mètres ; d'un entrepôt, 0 fr. 06 c. par 100 mètres, plus 3 fr. les 100 kilogrammes bruts.

Le tarif conventionnel, dans tous les cas, admet l'exemption.

J'ai terminé mon rapide examen, et je vous pose maintenant cette question : Voulez-vous que les 8,425,987 dollars de votre commerce avec la France, égalent les 27,826,567 dollars, chiffre de votre commerce avec l'Angleterre? Si oui, poussez, par des résolutions motivées, les gouvernements de Washington et de Versailles à conclure un traité de réciprocité.

En même temps, dites quelles réductions le tarif américain devrait accorder aux produits français. Car si je désire vous faire gagner plus d'argent avec la France, c'est à la condition que vous permettrez à mes compatriotes d'en gagner aussi davantage avec vous.

Un projet de traité a été voté à Paris, au mois d'août dernier, et plusieurs de vos compatriotes ont pensé que je venais solliciter de vous une adoption pure et simple.

Erreur, messieurs. L'objet de ma seconde mission consiste à recueillir vos vœux. Appréciez les avantages que vous réserverait un bon traité avec la France, puis, indiquez, par voie de compensation, quels dégrèvements mériteraient d'obtenir les produits français venant aux Etats-Unis.

Ainsi, en éclairant votre gouvernement, vous remplirez la charge que ne désertent jamais, dans une grande République, des citoyens honnêtes et dignes.

Dans la soirée, un dîner, auquel ont assisté une vingtaine des principaux négociants de Baltimore, a été offert à M. Léon Chotteau par M. James Hodges, délégué à la convention de Paris en 1878, à sa magnifique résidence de Park avenue.

Le représentant de la France, M. de Montcabrier, qui a su donner au vice-consulat de Baltimore une importance exceptionnelle, assistait à la réunion.

III

NEW-YORK

Chambre de commerce. — Réunion du 6 mars 1879.

PRÉSIDENT : SAMUEL D. BABCOCK

Vous êtes, messieurs, des hommes que le sophisme ne saurait convaincre. Au milieu de vous, je bannirai les craintes chimériques, j'étoufferai les enthousiasmes exagérés.

En 1700, la Grande-Bretagne envoyait aux colonies américaines pour 343,828 livres sterling de marchandises. Cette somme, en 1872, s'élevait à 1,070,416 livres sterling.

Si vous désirez savoir ce que furent, pour vos ancêtres, les actes de navigation du Parlement anglais, interrogez le président du comité exécutif de votre Chambre de commerce, M. Elliot C. Cowdin, que j'ai regretté beaucoup de n'avoir pas vu à Paris au mois d'août dernier.

M. Cowdin vous rappellera le discours qu'il prononçait à Lexington (Massachusetts), le 19 avril 1875, *Merchants in the American Revolution,* et vous dira que l'Angleterre tentait de détruire le commerce des colonies. Les Américains ne pouvaient ni trafiquer avec une nation du dehors, ni exporter leurs marchandises en Angleterre que sur des navires anglais.

Le fer abondait aux colonies, mais la métropole défendait de le fabriquer ; tout article de fer devait être importé. La laine ne manquait pas, mais la laine devait être envoyée en Angleterre. Elle retraversait plus tard l'Océan à l'état de produit manufacturé, et était vendue aux colons à des prix excessifs. Aucun chapelier ne pouvait avoir plus de deux apprentis ; aucun chapeau ne pouvait être vendu d'une colonie à une autre.

Pour briser le cercle de fer qui les entourait, vos ancêtres, le 4 juillet 1776, s'affranchirent.

La proclamation d'indépendace a fait une nation riche, heureuse et puissante.

Aujourd'hui, l'heure est venue pour vous de diriger votre énergie de manière à augmenter sûrement la richesse, le bonheur et la puissance de votre pays.

La douane de New-York a versé au Trésor de Washington, en 1878, 92,394,088 dollars.

Le port de New-York reçoit environ deux tiers des marchandises importées aux Etats-Unis, et enregistre près de la moitié des produits américains exportés. Il accuse, en 1878, ce mouvement :

Exportations................	362,522,088	dollars.
Importations................	303,186,867	—
Balance en sa faveur...	59,335,221	dollars.

Si nous prenons les chiffres fournis par vos dernières statistiques, nous constatons que New-York, dans l'année 1878, a exporté aux pays suivants d'Europe :

Angleterre, Ecosse et Irlande.	175,138,587	dollars.
France....................	43,117,757	—
Allemagne.................	31,258,018	—
Belgique..................	16,302,867	—
Hollande..................	8,243,675	—
Espagne...................	2,974,874	—
Portugal..................	2,502,767	—
Italie....................	2,091,342	—
Danemark	1,088,125	—
Autriche..................	1,604,816	—
Russie....................	1,385,130	—
Turquie...................	1,005,473	—

La Grande-Bretagne, en ce qui touche vos débouchés extérieurs, dépasse la France de la distance qui sépare 175 de 43 millions de dollars.

Pourquoi une telle disproportion?

Vingt-huit principaux articles américains sont inscrits sur les registres de la douane française.

Examinons la situation créée à vos exportateurs, en Angleterre et en France, par les tarifs généraux anglais et français.

Sur les vingt-huit articles, deux seulement, le bois de teinture moulu et les résines indigènes, sont affranchis absolument dans les deux pays. Douze articles, affranchis en Angleterre, payent en France un droit de 3 francs par 100 kilogrammes, s'ils passent par un entrepôt d'Europe: Coton en laine, grains et farines de seigle, maïs, orge, sarrasin et avoine, graines animales autres que de poisson; viandes fraîches de boucherie, gibier mort et volailles mortes; peaux brutes et pelleteries; cuivre de première fusion; fanons de baleine bruts; bois à construire; potasse; cendres et regrets d'orfèvre; œufs de vers à soie; poils de porc et de sanglier.

Onze autres articles, non taxés en Angleterre, sont soumis, en France, à des droits spéciaux: Céréales (grains et farines), de 60 centimes à 3 fr. 60 c. par 100 kilogrammes pour les grains, et de 1 fr. 50 c. à 4 fr. 20 c. pour les farines; graisses de toute sorte, 3, 6 ou 9 francs par 100 kilogrammes, quelquefois même prohibées; huile de pétrole et de schiste brutes, 30 centimes par kilogramme ou 30 centimes et 5 francs par 100 kilogrammes; huiles de pétrole et de schiste rectifiées et épurées, 37 ou 42 francs par 100 kilogrammes; viandes salées, 60 centimes, 4 pour cent par 100 kilogrammes bruts et 4 francs par 100 kilogrammes nets, ou 3 fr. 60 c., 4 pour 100 par 100 kilogrammes bruts et 4 francs par 100 kilogrammes nets; merrains de chêne, 12 centimes les 1,000 ou 12 centimes plus 3 francs par 100 kilogrammes bruts; machines et mécaniques, de 30 à 81 francs les 100 kilogrammes nets; graisses de poissons, 6 ou 9 francs les 100 kilogrammes bruts; bois à construire, pour un genre et dans un cas, exempt, ensuite 3 francs les 100 kilogrammes bruts, 6 centimes les 100 mètres, ou 6 centimes le 100 mètres, plus 3 francs les 100 kilogrammes bruts; rogues de morue et de maquereau, 60 centimes ou 3 fr. 60 c. par 100 kilogrammes;

bâtiment de mer en bois, par tonneau de jauge, 40 francs; cire non ouvrée, 1, 3 ou 4 francs les 100 kilogrammes.

En retranchant des vingt-huit articles les deux articles affranchis sans exception en France et en Angleterre, les douze articles affranchis absolument en Angleterre et dans un seul cas en France, les onze articles frappés en France seulement, on ne trouve que trois articles taxés en France qui soient en même temps imposés en Angleterre : tabac en feuilles ou en côtes, en France, allant directement du pays de production, affranchi; passant par un entrepôt d'Europe, 6 francs par 100 kilogrammes; en Angleterre, 8 fr. 27 c., 11 fr. 03 c., 10 fr. 31 c. ou 13 fr. 99 c. le kilogramme; café, en France, 150, 170, 200 ou 203 francs les 100 kilogrammes, en Angleterre, 45 centimes le kilogramme, 31 fr. 46 c. ou 32 fr. 60 c. les 100 kilogrammes; eaux-de-vie, esprits et liqueurs, en France, 30 ou 35 francs l'hectolitre; en Angleterre, 286 fr. 59 c. l'hectolitre.

Donc, sur ces vingt-huit principaux articles de l'exportation américaine en France, le tarif général français en taxe vingt-six, tandis que l'Angleterre n'en atteint que trois.

En outre, le tarif général français prohibe l'entrée en France de plusieurs autres produits américains, le fer, le coton, le cuir manufacturé, etc.

C'est afin de briser les entraves qui paralysent aujourd'hui votre commerce avec la France que nous vous offrons un traité de réciprocité.

Comment établir cette réciprocité?

Une des branches importantes du commerce de New-York avec la France est celui des cuirs pour semelles tannées au hemlock (écorce de sapin blanc d'Amérique).

Vos exportateurs lisent ceci dans le tarif général français :

Grandes peaux simplement tannées allant directement d'un pays hors d'Europe en France, par 100 kilogrammes, 54 francs; passant par un entrepôt d'Europe, 57 francs.

Les mêmes peaux corroyées pour semelles, directement, par 100 kilogrammes, 219 francs; indirectement, 243 francs.

Le tarif conventionnel réduit ces droits à 10 francs par 100 kilogrammes.

Vous apercevez l'immense avantage que vous assurerait ici la clause de la nation la plus favorisée. Cet avantage n'a pas échappé aux tanneurs français qui réclament, dans un document qu'on m'a communiqué, la réciprocité pure et

6

simple. Ils disent que le tarif général américain, par une
taxe allant de 10 à 35 pour 100 de la valeur, impose aux
cuirs de France, par 100 kilogrammes, cette situation aux
États-Unis :

Cuirs pour bandes, transmissions et autres
   cuirs pour semelles...................... 120 fr. » c.
Cuirs forts............................... 71   40
Cuirs lissés.............................. 74   10
Veaux cirés.............................. 225   80

Et ils se posent une question : peut-on admettre qu'un
traité de commerce franco-américain ne consacre pas la réciprocité pure et simple?

La chambre de commerce d'Orléans prétend que le droit
d'entrée, en ce qui touche l'industrie du cuir, doit être le
même dans les deux pays.

Un des membres les plus influents de la chambre de commerce de New-York, M. Jackson S. Schultz, partage cet
avis.

M. Schultz m'a écrit en France, le 20 juillet 1878, une lettre qui m'est parvenue le 22 février 1879. L'auteur dit :

« La France et les États-Unis fabriquent beaucoup de
cuirs. Toutes les catégories de cuirs sont produites par chacune des deux nations et sont également protégées contre la
concurrence étrangère. Sans cette protection ou cette intervention, il est certain que la France ferait les cuirs légers et
les États-Unis les cuirs lourds. Les deux pays profiteraient
de l'échange. Aujourd'hui, le commerce est entravé par un
droit d'environ 25 pour 100. Ce droit exorbitant nuit à
l'échange naturel, et le résultat devient d'année en année si
déplorable que bientôt nous n'aurons plus du tout de commerce de cuirs entre la France et les États-Unis. »

M. Schultz est partisan d'un droit qui augmente les recettes douanières des deux gouvernements. Il propose 10
pour 100 *ad valorem*, ou 10 centimes par livre de cuir lourd
d'Amérique en France, et de 10 à 12 cents (50 ou 60 centimes) par livre sur le cuir léger de France en Amérique. Il
est persuadé qu'un tel arrangement porterait les échanges
de cuirs entre la France et les États-Unis à 5 millions de dollars pour la première année, et bientôt après à 10 millions
de dollars.

Votre collègue, M. Schültz, possède à New-York l'autorité que donne l'intelligence utilement appliquée. Vous apprécierez le genre de réciprocité qu'il propose.

Et maintenant, quelle conclusion tirer?

Messieurs, de 1847 à 1856, la moyenne des importations en France d'Angleterre fut de 127 millions de francs. Cette moyenne s'éleva, de 1857 à 1866, à 460 millions, et de 1867 à à 1876, à 620 millions.

Dans les trois périodes décennales, les importations de la Belgique donnent 139, 231 et 397 millions.

Les produits de l'Italie ont une valeur de 130, 194 et 340 millions.

L'Allemagne nous fournit 67, 158 et 283 millions de marchandises.

Et vous, États-Unis d'Amérique, qu'importez-vous en France? Voici les chiffres qui vous concernent :

Moyenne annuelle :

De 1847 à 1856	135,624,888 francs.
1857 à 1866	165,622,602 —
1867 à 1876	197,280,230 —

Ainsi, sur le marché français, avec votre population de plus de 40 millions d'habitants, vous êtes devancés par l'Angleterre (population, 31 millions); par la Belgique (population, 5 millions); par l'Italie (population, 26 millions) et par l'Allemagne (population, 41 millions).

Ce résultat prouverait votre infériorité, si l'étude qu'il provoque ne montrait votre imprévoyance.

Pourquoi l'Angleterre, qui n'importe en France que pour 127 millions par an de 1847 à 1856, importe-t-elle pour 460 millions de 1857 à 1866? Parce que l'Angleterre a conclu un traité de commerce avec la France le 23 janvier 1860.

Pourquoi la Belgique, de 139 millions (1847-1856), passe-t-elle à 231 millions de 1857 à 1866? Parce que la Belgique a signé une convention avec la France le 1ᵉʳ mai 1861.

Pourquoi l'Italie, qui semble satisfaite de sa moyenne annuelle de 130 millions, arrive-t-elle dans la période décennale suivante (1857-1866) à 194 millions? Parce l'Italie s'est engagée envers la France le 17 janvier 1863.

Pourquoi l'Allemagne (alors la Prusse) voit-elle sa moyenne annuelle de 67 millions (1847-1856) s'élever à 158 millions

(1857-1866)? Parce que l'Allemagne a fait un contrat avec la France le 2 août 1862.

Et pourquoi les Etats-Unis, de la première à la seconde période décennale, ne gagnent-ils que la différence qui sépare 105 de 135 millions, c'est-à-dire de 30 millions, au lieu de 333 millions (Angleterre), de 92 millions (Belgique), de 64 millions (Italie), de 91 millions (Allemagne)? Tout simplement parce que les Etats-Unis n'ont pas adopté avec la France un tarif conventionnel. S'ils avaient réglé à cette époque, et de la manière enseignée par les puissances d'Europe, les conditions de leur commerce extérieur, ils n'auraient pas trouvé, de 1867 à 1876, l'occasion de se repentir, puisque, dans ces dix années, l'Angleterre, la Belgique, l'Italie et l'Allemagne ont vu leurs importations en France prendre un nouvel essor.

Votre gouvernement, avec l'appui du congrès, peut accomplir aujourd'hui l'acte que l'intérêt national, bien entendu, conseillait de provoquer dix ou quinze ans plus tôt.

S'il prend cette résolution, tout porte à croire que le traité de commerce franco-américain vous assurera en France, de 1877 à 1888, la moyenne annuelle des exportations de l'Angleterre de 1867 à 1877, c'est-à-dire environ 600 millions de francs.

Votre moyenne, de 1867 à 1876, n'a été que de 197 millions.

Un tarif conventionnel avec la France apporterait donc à votre pays un élan d'activité se chiffrant annuellement par 400 millions. Et comme New-York représente près de la moitié des exportations américaines en France, New-York gagnerait par année 200 millions de francs, ou 40 millions de dollars.

Si vous me demandez quelle doit être l'attitude des deux parties en cause pour rendre l'accord possible et durable, je vous répondrai par la lettre de M. Jackson S. Schultz, dont je vous ai parlé tout à l'heure. M. Schultz, le 20 juillet dernier, conseillait aux Français de promettre aux Américains le bénéfice de la clause de la nation la plus favorisée, et de leur dire :

— Qu'entendez-vous nous donner en échange?

C'est la question que je viens vous poser. Vous saurez la résoudre dans le sens qu'indiquent d'avance votre esprit patriotique et votre loyauté.

LETTRE DE M. SCHULTZ A M. LÉON CHOTTEAU

Ainsi qu'on vient de le voir, M. Léon Chotteau a été présenté à la Chambre de commerce de New-York par un négociant de cette ville, M. Jackson S. Schultz, bien connu en Amérique comme chef d'une grande maison qui fait le commerce des cuirs. Ce négociant avait adressé à Paris, l'année dernière, à M. Chotteau une lettre qui ne lui est point parvenue alors, et qu'il n'a reçue qu'en Amérique vers la fin de février 1879.

Cette lettre est trop importante pour que sa date déjà ancienne lui ôte de l'intérêt. Nous croyons devoir la traduire ici tout entière ; la voici :

New-York, 2) juillet 1878.

Monsieur Léon Chotteau.

Cher et honoré Monsieur,

Les sentiments libéraux et fraternels que vous avez manifestés en tant d'occasions durant votre visite récente en ce pays me donnent l'espoir que la convention commerciale qui va se tenir à Paris le mois prochain en sera l'expression populaire et officielle.

Pour rendre votre action plus efficace, vous demandez des informations exactes touchant les principales industries des deux pays.

Dans l'espoir de vous fournir par là des renseignements utiles, je prends la liberté de vous exposer les vues et les désirs de mon propre commerce qui est, comme vous le savez, le commerce du « cuir » en général, et plus spécialement du « cuir de semelle. »

En outre de ces informations exactes et spéciales, touchant les lois de la production et de la consommation dans les deux pays, vous voudrez être informé des relations qui existent entre ces grandes lois économiques et la condition politique des deux pays.

Dans ce pays-ci, nous avons une politique établie à l'égard de la forme et des sources de l'impôt. Notre système exige que la plus grande partie de nos revenus soit tirée des importations étrangères. En conséquence, vous n'arriveriez à aucun résultat, si, dans les délibérations qui vont s'ouvrir à Paris, vous en veniez à cette conclusion qu'un libre échange absolu devrait être établi.

Notre système va même plus loin ; et il veut que les objets du luxe des riches et des gens aisés payent une plus grande partie de l'impôt que les produits destinés à la consommation de la classe moyenne ou des pauvres.

Cette considération a une importance toute spéciale dans le cas qui nous occupe, parce que la plupart des produits exécutés par les artisans et les ouvriers français rentrent dans cette dernière catégorie et sont, en conséquence, assujettis à des droits élevés, non point que nous ayons le moindre désir d'atteindre plus particulièrement la France, mais en vertu de cette politique publique qui est devenue le principe fixe et reconnu de notre système d'impôt.

Considérez également que vos conclusions seront combattues par une classe influente, connue dans ce pays, sous le nom de « protectionnistes », et qui prétend que le devoir du gouvernement est d'exclure la concurrence étrangère, et de donner ainsi à nos ouvriers et à nos artisans le monopole du marché intérieur. Mais cette dernière classe d'hommes existe aussi dans votre pays; on peut sans danger refuser de tenir compte des importunités des uns et des autres; car s'il fallait les écouter, aucun progrès ne pourrait être réalisé dans les relations commerciales de peuple à peuple.

Les résultats pratiques que vous poursuivez peuvent être obtenus de l'une des deux manières suivantes:

Ils peuvent être le fruit:

1° D'une modification directe des tarifs douaniers des deux pays; ou
2° De la conclusion d'un traité.

Mais, dans l'un et l'autre cas, les deux Chambres du congrès devront se prononcer sur le changement.

Si l'on a recours à un traité, il faudra obtenir la coopération du président et du Sénat; si l'on se borne à une modification des tarifs, il y faudra le bon vouloir des deux branches de notre gouvernement.

Vous ferez bien de tenir grand compte de la difficulté qu'il y aura à obtenir ce concours, et quelles que soient les conclusions auxquelles la conférence de Paris arrivera, vous ne devrez cesser d'avoir en vue et de promettre un accroissement d'affaires pour les principales industries du pays, et cela sans diminution pour les revenus du gouvernement.

Ces deux propositions peuvent être soutenues et ces résultats assurés. C'est précisément mon objet de montrer ici que la solution de ce problème est possible dans les industries du cuir des deux pays, et, selon moi, cette industrie donne lieu à des relations aussi compliquées que celles qui résultent d'aucune autre branche de commerce.

La France et les Etats-Unis sont tous deux grands producteurs de cuir. Chacune de ces nations produit tous les genres de cuir, et, en raison des taxes, chaque classe est à peu près également protégée contre la concurrence étrangère. En dehors de cette protection ou intervention, il est très-certain que la France produirait les cuirs légers, et les Etats-Unis, les gros cuirs. Il en résulterait un échange qui serait avantageux aux deux pays. A présent, le commerce est gêné par un droit d'environ 25 pour cent. C'est là une charge si lourde qu'elle se fait matériellement sentir sur l'échange naturel, et le résultat devient de plus en plus évident d'après les rapports annuels. Il n'y aura bientôt plus de commerce de cuir du tout entre la France et les Etats-Unis.

Et véritablement, dès aujourd'hui notre commerce direct avec votre pays est purement nominal.

Toutefois, nous avons un grand commerce indirect qui, grâce à la politique d'exclusion que vous suivez à notre égard, peut continuer et s'étendre. Nous nous voyons obligés de recourir à des facteurs demeurant en Angleterre, en Allemagne ou ailleurs, et de les employer comme intermédiaires. Ces agents doivent être payés, et des frets indirects s'ajoutent ainsi à la liste des charges. Ce ne serait pas répondre que de dire que ce tarif est illicite, et qu'il sera interrompu. Car si les Français consomment le cuir à semelle des Anglais, ils feront par là même autant de place à nos cuirs à bon marché en Angleterre, et c'est ainsi que les lois du commerce finissent par l'emporter sur les plans des hommes d'Etat.

Pratiquement, les fabricants de chaussures français ont vu depuis plusieurs années leur commerce avec l'Amérique centrale et l'Amérique méridionale passer dans les mains de leurs concurrents suisses et anglais, et cela principalement, faute de ce cuir de semelle à bon marché, que les Etats-Unis produisent si abondamment. Le caractère impolitique du tarif que la France a imposé à son commerce avec les Etats-Unis devra, à la fin, frapper les intelligences les plus rebelles.

Quand il n'y aurait aucun autre fait que celui que je viens de signaler et qui est familier à tout manufacturier qui emploie le cuir, ce fait suffirait pour ouvrir les yeux de tous. Il n'est en Europe aucune nation qui puisse maintenir plus longtemps des tarifs hostiles à l'égard d'un pays dont les industries sont aussi variées et le commerce est aussi étendu que le sont les industries et le commerce des Etats-Unis.

Toute tentative de ce genre doit arriver au résultat obtenu en France, c'est-à-dire d'imposer aux industries générales du pays des taxes tellement lourdes qu'elles ne puissent les supporter.

Pour sortir de cette difficulté, la seule voie est pour nous d'insérer dans notre traité cette clause de la « nation la plus favorisée » qui nous mettrait sur le pied d'égalité avec la Grande-Bretagne, l'Allemagne et d'autres nations.

Toutefois, il semble naturel que les membres français de la Convention nous disent :

« Si nous faisons ainsi, nous serons en droit d'exiger en retour quelques concessions. Vous, Américains, que nous proposez-vous en échange? Nous ne taxons vos gros cuirs que des mêmes droits dont vous frappez nos cuirs légers, et puisque vous concédez que le commerce direct entre nous doit s'interrompre à moins que nos tarifs respectifs ne soient modifiés, que nous proposez-vous en échange des nouvelles concessions que nous faisons afin de donner une vie nouvelle à cette industrie? »

Ma réponse serait celle-ci : *Nous nous accorderons avec vous sur le tarif qui donnera le revenu le plus élevé à nos gouvernements respectifs.* Dans l'état présent de mes connaissances sur le sujet, je dirais que 10 pour 100 *ad valorem*, ou environ deux *cents* par livre, sur le cuir de semelle, et dix à douze *cents* par livre sur le « veau » et le « chevreau », rempliraient cet objet. Cette concession élèverait notre commerce international à 5,000,000 de dollars la première année, et à bien des fois cette somme d'ici dix années.

Le commerce général entre la France et les Etats-Unis, de 1874 à 1877, peut être représenté par les chiffres suivants, empruntés aux rapports de notre douane :

Exportations en France.		*Importations de France.*	
1874..........	48.729.429 dollars.	1874..........	64.011.649 dollars.
1875..........	50.131.711 —	1875..........	71.388.857 —
1876..........	45.903.647 —	1876..........	50.131.623 —
1877..........	46.233.793 —	1877..........	53.370.535 —

Les chiffres qui précèdent montrent que la balance du commerce entre nos deux pays est grandement en faveur de la France et contre nous.

Mais ces totaux manifestent de très grandes restrictions, car il est

Inconcevable que deux nations aussi grandes aient un commerce aussi limité que celui qui résulte de ces chiffres, surtout si l'on considère l'immense variété qui existe entre leurs climats et leurs productions. Si nous prenons nos industries du cuir comme exemple, nous trouverons même une plus grande inégalité dans nos échanges. Les gants compris, nous avons, dans ces dernières années, importé de France aux États-Unis pour environ quatre millions et demi de dollars, tandis que nous avons exporté dans le même temps d'ici en France pour 24,000 dollars à peine de cuirs ou de produits de peaux de tous genres.

Sans aucun doute une quantité de cuir de semelle bien plus grande que celle qui est indiquée ici a été introduite dans la consommation française, mais cela n'a pas eu lieu par les courants réguliers d'un commerce direct. Dans une analyse bien faite du commerce des cuirs entre les deux pays, on devrait séparer les gants, du veau, du chevreau et des autres cuirs légers. Mais, malheureusement, la méthode que nous employons pour dresser nos statistiques est si imparfaite et si récente, qu'elle ne fournit aucune donnée sérieuse sur ce point. Cependant j'estime qu'une bonne moitié des importations de cuir de France se compose de veau, de chevreau et de maroquin manufacturés en France, tandis que le reste consiste en peaux de gants et cuirs légers manufacturés en Allemagne et en Suisse, et qui ont été simplement embarqués à quelque port français.

Toutefois on peut poser en fait qu'avec un droit de 25 pour 100 *ad valorem*, nous achetons à la France dix fois plus de cuirs légers qu'elle ne nous achète de gros cuirs. La comparaison entre les industries des cuirs légers et des gros cuirs de ce pays et celles de la même classe en France montrerait que nous sommes aussi avancés dans la production des gros cuirs, que les Français le sont dans la manufacture des cuirs légers, et *vice versa*; en d'autres termes, qu'un échange plus libre bénéficierait à un bien plus grand nombre de manufacturiers des deux pays que ne le font les restrictions actuelles.

Le prix du fret est peu de chose; il dépasse à peine le coût des transports entre nos États respectifs. Or, c'est un fait, qu'en ce pays, nos gros cuirs sont manufacturés dans l'intérieur, là où la matière propre à tanner est abondante et à bon marché, tandis que la plupart de nos cuirs légers sont manufacturés au bord de la mer et dans nos grandes villes. L'échange de ces produits n'est pas considéré comme gêné par quelques centaines de milles de distance, qui coûtent en moyenne quelque chose comme 5 dollars par tonne. En conséquence, pourquoi une distance plus grande, mais qui n'entraîne pas en réalité une dépense plus forte, empêcherait-elle les producteurs de cuirs d'Amérique et de France de faire de leurs produits un échange également profitable aux uns et aux autres?

On pourrait ajouter d'autres considérations d'un caractère local et spécial qui feraient ressortir les avantages économiques très réels qui résulteraient de cet échange. Ces détails seraient hors de propos dans une discussion publique sur ce sujet. La France et les autres nations de l'Europe abondent en produits bruts légers, veau, chevreau, chèvre; elles ont, en outre, les matières propres à tanner, telles que le sumac de Sicile, beaucoup plus près d'elle que nous, tandis que notre pays neuf, mais rapidement progressif, élève ses veaux et ses agneaux, mais n'a pas encore le moyen de produire lui-même les peaux de chèvre et de chevreau. D'un autre côté, nous avons en grande abondance les peaux de bœuf, et d'amples provisions d'écorce de chêne et de hemlock pour les tanner. Les considérations de cette nature, qui sont pleinement appréciées par les hommes du métier, militent toutes en faveur d'un échange plus libre.

En France, de même qu'ici, ceux qui se croiront atteints dans leur intérêt n'approuveront point cette innovation. Mais chez nous comme chez vous, ce sera une minorité, qui devra céder à la majorité; ce sera même une très-faible minorité. Je ne dirai pas, ainsi que je pourrais le faire, qu'un échange plus libre induirait bien vite les producteurs français de gros cuirs, et les manufacturiers de cuirs légers d'ici à se conformer au nouvel ordre de choses, soit en perfectionnant leurs moyens de production, soit en se procurant à meilleur marché les matières premières. Mais en dépit de semblables efforts, rien ne pourra détruire les avantages dont jouissent les manufacturiers français de cuirs légers, et les tanneurs américains de cuirs de semelle. Ils doivent être amis et coopérateurs dans le but de pourvoir le public du monde entier des meilleurs cuirs au meilleur marché possible, en mettant à profit les facilités que la nature des choses leur offre. Telle est la loi à laquelle nous devons obéir.

Il ne suit point de là que, grâce à l'opération d'un droit *ad valorem* de dix pour cent, aucun cuir léger ne se ferait ici, ni que la France devrait renoncer à produire de gros cuirs. On peut en toute sûreté s'en remettre à cet égard à la concurrence ouverte que ce commerce plus libre favoriserait. Si ce droit de 10 pour cent est honnêtement et uniformément prélevé sur tous les cuirs échangés, on peut estimer que tout commerce qui pourra supporter ces charges sera sanctionné par le public et servira les intérêts communs.

Des propositions faites récemment par les cordonniers et les tanneurs de Paris semblent indiquer qu'ils seraient disposés à accepter cette disposition de nos tarifs.

Je voudrais pouvoir vous garantir la coopération cordiale de tous les manufacturiers des divers genres de cuirs des États-Unis, en vue d'une politique aussi raisonnable. Je crains bien qu'il ne soit guère permis d'espérer un tel résultat. Mais comme le gouvernement est institué parmi les hommes pour le plus grand bien du plus grand nombre, nous pouvons compter que cette haute intervention vous viendra en aide ainsi qu'à nous-mêmes, et qu'elle amènera entre la France et les États-Unis des relations de commerce aussi amicales que le sont déjà les rapports politiques et sociaux de ces deux nations.

Fraternellement à vous,

JACKSON S. SCHULTZ.

La lettre qui précède montre assez la compétence de M. Schultz en matière de commerce international. Présenté par un négociant aussi influent, le délégué français était assuré d'un accueil favorable au sein de la Chambre de commerce de New-York.

Board of Trade des États-Unis. — *Réunion du 12 mars 1879.*

PRÉSIDENT : ELLWOOD E. THORNE

Vous m'avez prié de vous adresser quelques paroles. Je répondrai discrètement à votre invitation.

Lorsque la population de la jeune République américaine n'est encore que de 3,929,827 habitants (1700), vos ancêtres importent déjà pour 23 millions de dollars et exportent pour 20,205,156 dollars.

De 1700 à 1870, année du dernier recensement, les progrès de votre population permettent de chercher à quelle époque votre pays comptera 100 millions de citoyens. Le calcul des probabilités m'a donné cette date : 24 juillet 1903, 3 heures 24 minutes du soir. Peut-être me suis-je trompé, et l'enfant destiné à compléter le chiffre de 100 millions, naîtra-t-il le matin. Vérifiez.

Chez un peuple intelligent et fier qui aime et honore le travail, la marche ascendante de la population doit amener un mouvement analogue dans la production. En 1810, on voulut estimer la valeur de la production annuelle aux États-Unis, et l'on trouva : 198,613,471 dollars.

Quarante ans plus tard, en 1850, la production annuelle s'éleva à 1,019,100,016 dollars.

Elle est de 1,885,861,667 en 1860, et de 4,232,325,442 en 1870.

D'où l'on tire la conclusion suivante : la capacité productive de chaque citoyen américain, de 27,13 dollars en 1810, est parvenue à 43,04 dollars en 1850, à 59,07 dollars en 1860 et à 111,01 dollars en 1870.

La France applaudit à toutes ces conquêtes pacifiques. Ne sait-elle pas que votre condition prospère affermit la liberté sur votre territoire et prouve au monde que la République ne traîne fatalement après elle ni la désolation, ni la ruine?

Mais le chiffre des exportations des États-Unis en France et de France aux États-Unis ne répond pas aux besoins qui se manifestent de ce côté et de l'autre côté de l'Atlantique. Vous perdez l'argent qu'une réglementation plus intelligente vous ferait gagner. Nous perdons nous-mêmes l'appoint qui résulterait pour nous d'un commerce plus étendu avec vous. Si vous refusez d'améliorer un pareil état de choses, vous laisseriez croire que les deux pertes signalées constituent, selon vous, un gain véritable.

Quelqu'un a prétendu que la logique, en s'imposant un beau jour aux choses humaines, causerait plus de dégâts dans le monde qu'un éléphant dans une boutique de porcelaines. A ce compte-là, nous devrions, pour nous éviter le désastre et conjurer tous les malheurs, poursuivre un but opposé au but que nous nous proposons, c'est-à-dire nous prémunir contre la faillite en élargissant le gouffre de la dette. Je sais bien que les homœopathes guérissent la fièvre en la rendant plus vive et plus ardente; mais jusqu'ici la doctrine d'Hannemann n'a pas illuminé l'économie politique, et jamais on n'a vu deux peuples en train de se ruiner, s'enrichir et prospérer en s'appliquant à se ruiner davantage. Aussi, au risque de baisser dans l'estime de ce quelqu'un en question, je maintiens que nous devons travailler à rétablir, dans nos rapports commerciaux, la logique, la pure et saine logique.

La production évite d'autant mieux les surprises qu'elle garde mieux, vis-à-vis de la consommation, un rôle de dépendance. Supposez des industriels lançant sur votre marché des montagnes de vêtements comme on en portait à la fin du dix-huitième siècle. Ils n'écouleront pas leurs produits, bien qu'ils aient peut-être raison de soutenir que les dames gagneraient à porter les manches à gigots d'autrefois, et les hommes les culottes et les perruques du bon vieux temps. Répondre aux besoins, tel doit être le but de l'industrie.

Les moralistes, mieux que les économistes, créent les besoins en disant aux hommes ce qu'ils doivent faire et éviter pour assurer leur bonheur. Sous l'influence d'une politique nouvelle, les besoins se modifient. Un peuple qui s'abandonne à un César ou à un Soulouque aimera les frivolités et les futilités qui plaisent aux âmes esclaves. Une nation affranchie laisse percer sa sagesse dans les goûts qui l'inspirent et qui la poussent à réclamer la confection d'objets utiles.

A ce point de vue, la France et les États-Unis ne peuvent que donner à leur consommation un élan salutaire, puisque les deux pays possèdent l'égalité qui fait aimer le bien-être, et la liberté qui permet de l'obtenir.

Sur le domaine de l'activité, une nation ne doit ni se con-

damner à l'isolement, ni oublier les mesures de prudence
que l'état de son industrie réclame peut-être.

S'isoler du marché universel, c'est jurer de se suffire, et
c'est vouloir que l'olivier du Sud mûrisse dans le Nord, que
le sapin du Nord pousse dans le Sud. On s'impose des efforts
impuissants et stériles; on produit mal et à des prix élevés,
ou même on ne parvient pas à produire ce que l'étranger
procure en abondance et à bas prix. On reconnaît alors qu'il
n'est pas possible de secouer la dépendance que la diversité
de climats a établie entre les peuples, et l'on baisse un peu
les barrières qu'un orgueil, excusable après tout, et une présomption légitime avaient imaginées.

L'autre système, qui consiste à établir la liberté absolue
des échanges, et à ouvrir toutes grandes les portes d'une
nation, peut empêcher un peuple qui s'affirme de réaliser
des conquêtes industrielles. Pour créer des usines et des
ateliers, on demande aide et assistance aux tarifs de la
douane.

Rien de mieux. Mais les tarifs douaniers sont des armes
difficiles à manier. Pour s'en servir utilement, il faut avoir
appris, par les exemples de la pratique, que la loi fiscale
destinée à protéger une industrie incapable de se développer
sur le territoire national, va toujours contre son but.

La doctrine de l'isolement absolu n'a jamais eu l'honneur
de passer dans les faits. Les peuples ont borné leurs soins à
appliquer les principes de la protection. Quand ils les ont
appliqués justement et d'une manière équitable, leur prospérité a pris un grand essor. Plus tard, sur plus d'un point,
l'industrie, puissante et sûre d'elle-même, a tenté d'élargir
sa sphère d'action. Rappelez-vous les désirs et les vœux de
l'Angleterre avant 1800.

On a dit que la supériorité industrielle de l'Angleterre
résultait de la Révolution de 1688. On eut raison de révéler
ainsi le lien solide qui rattache aux intérêts politiques les
intérêts matériels.

Voyez, cependant, combien le progrès a parfois une allure
capricieuse. Votre déclaration d'indépendance est du 4 juillet 1776. Elle suit l'acte de 1688 et précède la Révolution
française de 1789. Le manque d'air et d'espace qui tourmen-
tait l'Angleterre de 1800 devait donc porter Cobden à chercher au milieu de vous l'éclaircie, puisque vous étiez nés à
la vie politique treize ans avant mes compatriotes, et puisque,

surtout, vous aviez su maintenir les libertés que la France
avait eu le malheur d'abdiquer.

Si la logique, dont nous constations tout à l'heure l'absence, avait existé en 1860, le premier traité de commerce
libéral eût été conclu entre l'Angleterre et les États-Unis.

L'engagement, vous le savez, intervint entre la Grande-
Bretagne et la France.

Depuis 1860, les nations qui ont remplacé le tarif général
par un tarif conventionnel basé sur une juste réciprocité, ont
vu se multiplier les sources de leur fortune et de leur bien-
être. Aujourd'hui, les protestations de certains groupes at-
tardés ressemblent beaucoup aux plaintes des conducteurs
de diligences qui condamnaient les chemins de fer et les
déclaraient impossibles.

Toutes les puissances ne sont pas encore liées entre elles.
Voilà pourquoi on constate encore, à côté du tarif conventionnel, le tarif général.

Les auteurs d'un tarif général, s'ils comprennent leur
mission, banniront toute pensée de représailles, et refuse-
ront d'encourager des producteurs que les taxes élevées ne
feront produire ni mieux, ni à meilleur marché. En un mot,
ils sauront résister aux ardentes sollicitations des intérêts
qu'une ombre de liberté commerciale paraît compromettre.
Ainsi, le tarif général, également éloigné du libre échange
et de la prohibition, restera l'acte destiné à montrer aux
peuples dissidents que leur refus d'accepter le tarif conventionnel est sans motif avouable.

Ici, vous ne manquez pas de faire une objection. Je vous
préconise un tarif général qui ne froisse en aucune manière
ni le bon sens ni la justice ; qui dissipe par sa prudence et sa
courtoisie les causes d'alarmes à l'intérieur et à l'extérieur ;
qui, enfin, se rapproche autant que possible de la perfection
où tendent les choses humaines. Alors, ajoutez-vous, à quoi
bon un tarif conventionnel?

Je me hâte de vous répondre que le tarif conventionnel est
utile même lorsque le tarif général est parfait, parce que les
législateurs qui règlent aujourd'hui la situation douanière
d'un pays peuvent se raviser demain. L'étranger, surpris par
le vote qu'il réprouve, dira que l'industrie a besoin de sécurité. C'est précisément ce que la France déclarait à l'Espagne
en 1877. Des marchés étaient conclus entre des exportateurs
français et espagnols. Un beau jour, l'Espagne, sans avoir

laissé transpirer aucun indice de sa résolution, relève ses taxes. Grand émoi à Paris. Nous obtenons un sursis de deux ans à la condition que les vins d'Espagne jouiront de certains avantages à leur entrée en France.

Une surprise comme celle de 1877 est toujours à craindre. Les hommes ne sont pas des anges, et rien ne vaut un contrat en bonne et due forme.

L'industrie et le commerce réclament la certitude du lendemain qui permet de fixer et de préciser les transactions. Or, le lendemain n'est assuré que par un tarif conventionnel mûrement débattu, qu'on exécute de bonne foi pendant ce laps de temps limité.

Suivre cette voie, c'est admettre, entre la France et les Etats-Unis, un traité de réciprocité. Est-ce utile?

Il y a quelques jours, le rapport de M. John Sherman, ministre des finances, m'a été communiqué. J'y ai appris que le traité de réciprocité, conclu entre les Etats-Unis et les îles Hawaï le 30 janvier 1875, avait produit ce résultat : Valeur des exportations des Etats-Unis à

Hawaï pour tout 1875..................	947,290 dollars.
Pour l'année 1877....................	1,762,803 —
Différence en faveur de 1877............	815,513 dollars.

Il en sera de même des exportations des Etats-Unis en France.

Et maintenant, messieurs, décidez.

En terminant, permettez-moi d'espérer que les générations futures, en modifiant à leur gré la Constitution de 1787, auront toujours la sagesse de proclamer, comme base du pacte fondamental, la fédération. Tant que la grande République sera composée d'autant de petites Républiques qu'il y aura d'Etats dans son sein, et tant que chacun de ses Etats pourra s'administrer librement, sans craindre l'intervention d'un pouvoir supérieur et arbitraire, en un mot, tant que la centralisation, qui fait, dit-on, le bonheur de l'Europe, ne sera pas acclimatée en Amérique, l'Union, dans ses limites actuelles, pourra compter plus de 100 millions d'habitants.

Elle n'aura jamais qu'un drapeau, si le Nord manufacturier, le Sud planteur et l'Ouest agricole, savent résoudre la question économique dans le sens de la liberté.

En mars 1879, la colonie suisse de New-York organisa une tombola au profit des nécessiteux. Les Français prouvèrent leurs sympathies aux organisateurs en offrant un certain nombre de lots. M. Léon Chotteau envoya un beau meuble à Mᵐᵉ la secrétaire de la table française avec cette lettre :

New-York, 25 mars 1879.

Madame,

Le bazar suisse ouvre demain, et, demain je serai à Washington.

En organisant une table française, vous me permettez de donner une preuve de sympathie au conseil d'État de Genève qui me reçut, l'année dernière, avec une grande cordialité.

La France républicaine veut savoir comment on garde la liberté conquise. Elle jette les yeux sur la fière Helvétie, et puise, au sein des vingt-deux cantons, des exemples de courage dans le bien et de persévérance dans le mieux.

Recevez ma modeste offrande et croyez-moi votre tout dévoué.

Léon Chotteau.

IV

PHILADELPHIE

Board of Trade — Réunion du 17 mars 1879

PRÉSIDENT : FREDERICK FRALEY

L'année dernière, j'étais chargé de vous inviter à la conférence de Paris, et je n'ai pu apprécier avec vous les avantages qu'un traité de commerce franco-américain assurerait à la Pensylvanie. Un tel examen dépassait les limites de ma mission. Pour m'y livrer utilement, je devais attendre que le Comité français voulût bien me faire traverser de nouveau l'Atlantique.

La dénonciation hâtive du traité anglo-français a semblé réveiller l'espoir de certains de mes compatriotes.

On a condamné le mouvement de 1860 comme si les faits n'avaient pas légitimé la politique des conventions internationales. Puis, grâce à une activité maladroite, on est parvenu à laisser croire que les ministres du président Grévy refuseraient de proposer aux Chambres françaises de renouveler le traité avec l'Angleterre.

La manœuvre que je vous signale a impressionné plusieurs des citoyens américains dont le concours intelligent m'est précieux. Je reçus des lettres lamentables. Un ami me disait :

— Vous avez contre vous votre Gouvernement, la Chambre des députés et le Sénat de Versailles.

Un autre ami ajoutait :

— Toutes les Chambres de commerce de France vous désapprouvent.

Au fond, je n'étais plus que l'ombre d'un délégué représentant une ombre de Comité.

La vérité, messieurs, c'est que le Gouvernement français applaudit aux efforts des individus qui tentent d'améliorer les rapports commerciaux des deux peuples. La vérité aussi, c'est que toutes les Chambres de commerce de France, à deux ou trois exceptions près, ont adressé à M. Menier des rapports favorables.

Vous pouvez conclure de ces dispositions, que le traité avec l'Angleterre sera renouvelé à son heure, et que, si un contrat ne lie pas bientôt votre pays au mien, ce ne sera pas la faute de la France.

La Pensylvanie s'opposera-t-elle à un traité de réciprocité? Voyons si votre intérêt vous commande une attitude hostile.

Dans toute l'année 1878, les importations reçues à Philadelphie ont donné à la douane américaine 7,605,705 dollars.

Philadelphie, en 1878, a exporté pour 48,370,031 dollars de marchandises, dont 11,703,753 sur des navires américains, et 30,605,218 dollars sur des navires étrangers.

Les importations à Philadelphie représentent une valeur de 21,018,107 dollars, dont 13,701,225 dollars sur des navires américains, et 30,605,218 dollars sur des navires étrangers.

Différence en faveur de vos exportations, 27,630,834 dollars.

Les principales nations de l'Europe qui ont reçu de vos produits, en 1878, sont les suivantes :

Angleterre..........	23,850,159 dollars.
Belgique...........	6,816,511 —
Irlande	4,377,642 —
France............	2,605,815 —
Allemagne.........	2,017,845 —

Ne nous occupons, si vous le voulez bien, que des deux termes extrêmes de l'Angleterre et de la France.

En Angleterre, les articles que je viens d'énumérer sont compris sous le titre : « Articles non dénommés, fabriqués ou non fabriqués », et sont exempts.

En France, le fer en barres, d'après le tarif général, est soumis, par 100 kil., à un droit de 12 francs à 16 fr. 80 c, s'il va directement, et de 15 francs à 19 fr. 80 c. s'il passe par un entrepôt d'Europe. Le tarif conventionnel réduit le droit à 6 francs ou à 7 fr. 50 c.

La fonte épurée, qui ne rentre pas dans la catégorie dite mazée, est prohibée par le tarif général français.

Sont également prohibés les roues en acier, en fonte ou en fer; les poêles en fonte, en tôle ou en fonte et tôle; les clous et les pointes de fer, de fonte et de tôle.

Un tarif conventionnel adoucirait les rigueurs dont vous souffrez, et vous permettrait de vendre en France pour plus de 1,253 dollars.

L'année dernière, vous avez exporté des animaux vivants pour une valeur de 382,718 dollars.

Angleterre.............	382,483 dollars.
France..............	Rien.

En Angleterre, entrée libre.
En France, le tarif général porte :

Bœufs, par tête...............	fr. 3 60
Vaches, —	1 20
Taureaux, —	3 60
Génisses, —	1 20
Veaux et moutons, par tête......	» 40

7

Vos derniers envois en Angleterre ne furent pas heureux. Le Conseil privé, sous le prétexte que les animaux étaient atteints d'une maladie contagieuse, a ordonné des mesures dont l'application a suspendu tout trafic. Le Conseil peut éterniser l'état de choses actuel. On se demande s'il prendra ou ne prendra pas cette détermination. Dans tous les cas, le marché anglais vous est aujourd'hui fermé. Mais nous vous offrons le marché français. Acceptez-le, et vous contribuerez à augmenter la prospérité du Colorado, du Kansas, du Texas et du Wyoming.

Vous fabriquez des voitures ! Vous en avez exporté (1878) pour 31,145 dollars.

> Angleterre............... 22,855 dollars.
> France .... Rien.

C'est que l'entrée de toute espèce de voiture est libre en Angleterre, et que le tarif général français prohibe l'entrée en France des voitures suspendues, garnies ou peintes. Les charriots et les tombereaux sont admis en payant un droit de 18 pour 100 de la valeur s'ils vont directement, et 18 pour 100 plus 3 fr. par 100 kil. bruts s'ils passent par un entrepôt d'Europe.

N'oublions pas le coton manufacturé. Vous en avez exporté pour la somme de 90,175 dollars :

> Angleterre............... 88,010 dollars.
> France .... Rien.

Ici encore, franchise absolue en Angleterre, et prohibition non moins absolue en France.

Le cuir manufacturé grossit votre chiffre d'exportation de 7,712 dollars.

> Angleterre............... 1,403 dollars.
> France................... Rien.

Tarif général anglais, entrée libre; tarif général français, prohibition.

Vous citerai-je encore les lampes et les chapeaux de laine? Ces deux articles restent prohibés en France, ainsi que le cuivre manufacturé, les produits chimiques et les caractères d'imprimerie, que je vois figurer sur le tableau de vos exportations.

J'ai fini, messieurs, Je regretterais d'avoir occupé votre attention pendant trop longtemps si les chiffres que je viens de placer sous vos yeux n'avaient eu le privilège de détruire en vous des scrupules et des craintes.

Lorsque la France vous propose chez elle la clause de la nation la plus favorisée, et vous demande ce que vous lui accorderez en retour, vous n'avez pas à redouter, en lui donnant quelque chose, de lui donner trop, puisque, dans le mouvement des échanges, la France est en retard avec Philadelphie de 2,072,072 dollars.

Consultez votre sagesse, et dites sur quelle base devra être conclu le traité franco-américain pour affirmer et réaliser une bonne et juste réciprocité. Votre voix sera entendue.

Commercial Exchange. — *Réunion du 18 mars 1879.*

PRÉSIDENT : S. JENKS SMITH.

Nous voulons, au moyen du mouvement franco-américain, corriger les disparates que révèle l'état actuel des relations commerciales entre la France et les Etats-Unis. Vos exportations en France vous placent au cinquième rang des pays auxquels la France achète des matières premières et des objets manufacturés. Songez que si, dans le tableau de vos exportations, on retranche le coton en balles, le pétrole et quelques autres produits de votre sol, on ne trouve plus qu'une dizaine de millions de francs, ou environ deux millions de dollars pour les articles sortis de vos usines

Nous vous offrons la possibilité, au moyen d'une convention internationale, d'augmenter cette somme de deux millions de dollars. Mais vous êtes des hommes pratiques, et je vous déclare sans détour: La France qui n'arrive aux États-Unis, par ses importations, qu'au quatrième rang, voudrait gagner avec vous, chez vous, le terrain qu'elle vous propose de gagner avec elle, chez elle.

Rien de plus naturel, direz-vous. Car enfin les Français ne peuvent lever les prohibitions qui ferment aujourd'hui la France à la plupart des industries de la Pensylvanie qu'à la condition d'obtenir quelque chose en retour.

En 1878, la France a exporté à l'étranger pour 317 millions de francs de tissus de laine, 283 millions de tissus de soie, 275 millions de vins, eau-de-vie, esprits et liqueurs, 162 millions d'ouvrages en peau ou en cuir, 147 millions de confections diverses, 143 millions de tabletterie, bimbeloterie, mercerie et boutons, 142 millions de soies et bourres de soie, 136 millions de sucre raffiné.

Les articles que je viens de vous citer sont les principaux articles de l'exportation française, et tout porte à croire qu'on vous priera d'améliorer la situation qui leur est faite par le tarif américain. L'amélioration, d'ailleurs, profitera au Trésor de Washington, puisque les droits moins élevés permettront à la Douane d'enregistrer plus de produits, et d'encaisser plus d'argent.

Laissez-moi reprendre les articles cités plus haut, et vous montrer à quelles taxes ils sont soumis en Europe et aux États-Unis.

Les laines ouvrées, exemptes de droits en Angleterre, sont taxées d'un droit *ad valorem* de 5 pour 100 en Hollande, de 10 pour 100 en Belgique et en Italie ; — en Espagne, pour environ deux livres, le droit atteint parfois 4 dollars 10 cents à 60 dollars.

États-Unis, droit *ad valorem* de 35 à 50 pour 100, et pour environ 2 livres s'élevant parfois jusqu'à 1 dollar 14 cents.

Quant aux soies ouvrées, en Angleterre, entrée libre. En Belgique, le droit s'élève à 5 pour 100, en Italie, à 10. En Norvège, le droit se paye pour 2 livres en certains cas, 45 cents ; en Russie, il atteint 0 dollars 77 cents ; — pour 220 livres (100 kil.), en Suisse, le droit est de 3 dollars 20 cents ; en Grèce, il est de 33 dollars 60 cents, et en Allemagne de 60 dollars.

Aux États-Unis, le droit est de 50 à 60 pour 100 *ad valorem*.

Les vins français sont taxés *ad valorem* aux taux suivants : en Turquie, 8 pour 100 ; en Italie, 3 cents par bouteille ; en Russie, de 26 à 80 cents ; en Espagne, de 11 à 23 cents le litre (près du quart d'un gallon) ; en Norvège, 6 cents ; en Portugal, 63 cents pour 2 gallons et demi ; en Belgique, de 10 à 30 cents pour 26 gallons ; en Angleterre, de 5 dollars 50 cents à 13 dollars 65 cents ; en Suisse, pour 220 livres, de 60 cents, à 1 dollar 40 cents ; en Allemagne et en Autriche, 4 dollars.

Aux États-Unis, vins non mousseux, 40 cents par gallon ; pour 12 bouteilles ou 24 demi-bouteilles, 1 dollar 60 cents ; vins mousseux, pour 12 bouteilles, de 1 dollar 50 cents à 6 dollars.

Eaux-de-vie, esprits et liqueurs venant de France, en Turquie, 8 pour cent *ad valorem* ; en Italie 2 ou 3 cents par bouteille ; en Russie, 52 cents ; en Espagne, par litre, 21 cents ; en Norvège, 23 cents ; en Portugal, pour 2 gallons et demi, 1 dollar 87 cents ; en Angleterre, pour 26 gallons, 57 dollars 32 cents ; en Belgique, de 14 dollars 50 cents à 20 dollars. En Russie, les esprits et les eaux-de-vie de grains en barils sont prohibés.

Aux États-Unis, 2 dollars par gallon.

Les cuirs français sont traités comme suit :

En Angleterre, exempts de droits ; — en Belgique, 10 pour 100 *ad valorem* ; — en Grèce, 15 pour 100 ; — en Italie, 50 pour 100 ; — en Hollande, 5 pour 100 ; — en Espagne, pour environ 2 livres, de 54 cents à 4 dollars 32 cents ; — En Allemagne, pour 200 livres, de 6 à 20 dollars.

Aux États-Unis, de 35 à 50 pour 100 *ad valorem*.

Le drap français, exempt de droit en Angleterre, est taxé aux États-Unis d'un droit de 50 cents par livre et de 40 pour 100 *ad valorem*, ou de 35 à 60 pour 100 *ad valorem*. En Suisse, le droit est de 3 dollars 20 cents à 6 dollars pour 220 livres ; — en Grèce, il est de 24 dollars 0 cents à 126 dollars 18 cents pour 220 livres, et en Russie, de 35 pour 100 *ad valorem*.

Les jouets, toujours exempts de droits en Angleterre, et parfois aussi en Allemagne et en Autriche, payent : en Belgique, 10 pour 100 *ad valorem* ; — en Espagne, 20 pour 100 ; — en Hollande, 5 pour 100 ; — en Portugal, 15 pour 100 ; —

en Turquie, 8 pour 100; — en Espagne, pour environ 2 livres, 2 dollars 70 cents; — en Norvège, de 1 cent à 3 dollars 72 cents; — en Russie, 64 cents; — en Allemagne, pour 220 livres, de 6 dollars à 22 dollars 50 cents; — en Grèce, de 5 dollars 63 cents à 22 dollars 19 cents; — en Italie, 8 dollars; — en Suisse, 3 dollars 20 cents.

Aux États-Unis, les jouets payent de 35 à 50 pour 100 *ad valorem*.

La mercerie est exempte de droits en Angleterre, et parfois en Grèce et en Italie. En Hollande, le droit *ad valorem* est de 5 pour 100; en Espagne de 20 pour 100.

Aux États-Unis, elle paye de 25 à 75 pour 100 *ad valorem*; par boîte, elle paye 1 dollar, par grosse, 1 dollar 50 cents, et 75 pour 100.

Les boutons venant de France sont exempts de droits en Angleterre. Dans les autres pays, ils payent les droits que voici: En Autriche et en Belgique, 10 pour 100 *ad valorem*; — en Hollande, 5 pour 100; — de 25 à 30 pour 100, en Portugal; — de 8 pour 100, en Turquie; — de 21 à 43 cents par 2 livres, en Espagne; — de 40 cents à 1 dollar 20 cents, en Italie; — de 0 à 97 cents, en Norvège; — de 25 cents à 6 dollars 25 cent, en Portugal; — en Allemagne et en Autriche, de 1 à 70 dollars pour 220 livres; — et en Grèce, de 7 dollars 3 cents à 112 dollars 13 cents.

Aux États-Unis, les boutons français payent un droit *ad valorem* de 30 à 50 pour 100, plus 50 cents par livre.

La soie et les flocons de soie sont toujours exempts de droits en Angleterre, en Belgique, en Italie, parfois en Allemagne, en Autriche, en Hollande, en Portugal et en Russie. Ils payent en Espagne de 11 cents à 1 dollar 89 cents; en Grèce, de 84 dollars 19 cents à 168 dollars 17 cents; en Suisse, de 12 cents à 1 dollar 40 cents.

Aux États-Unis la soie brute, et la soie en flocons sont exemptes de droits. Les autres soies payent un droit *ad valorem* de 35 à 40 pour 100.

Les sucres bruts et raffinés venant de France sont exempts de droits en Angleterre. Dans les autres pays, ils payent les droits suivants:

En Allemagne, de 6 à 7 dollars 50 cents pour 220 livres; — en Autriche, de 6 dollars 80 cents à 13 dollars 15 cents; — en Russie, de 14 dollars 8 cents à 21 dollars 07 cents; —

en Portugal, pour 2 livres, de 10 à 15 cents; — en Turquie, 8 pour 100 *ad valorem*.

Aux États-Unis, 3, 4 ou 5 cents par livre.

Les peaux apprêtées sont exemptes de droits en Angleterre; quant aux autres pays, ils les traitent ainsi.

En Allemagne, de 75 cents à 7 dollars 50 cents pour 220 livres; — en Espagne, pour environ 2 livres, de 27 à 54 cents; — en Grèce, pour 220 livres, de 8 dollars 43 cents à 42 dollars 10 cents; — en Hollande, de 1 à 1 pour 100 *ad valorem*; — en Portugal, 20 pour 100; — en Suisse, pour 220 livres, de 80 cents à 80 cents à 1 dollar 20 cents.

Aux États-Unis, droit *ad valorem* de 10 à 35 pour 100.

Si vous voulez faire des affaires pour un chiffre plus élevé, prenez en considération les produits français que je viens d'énumérer devant vous, et dites comment on peut améliorer la situation qui leur est faite par le tarif américain.

La mission du dix-neuvième siècle est de faire disparaître le système actuel des gouvernements personnels.

Ce siècle remplit sa tâche avec l'énergie, la constance et la persévérance qu'exige toute œuvre sérieuse.

Une puissance nouvelle est née, a grandi et s'impose : l'opinion publique. Mais cette force, qu'on interroge, ne s'accuse utilement qu'après avoir oscillé dans un sens ou dans l'autre. D'abord se forment et se propagent les jugements faux. Vous rappelez-vous ma première campagne aux États-Unis? D'honnêtes citoyens américains se persuadaient que ma démarche éveillait le soupçon. La France tenait à signer un traité avec le gouvernement de Washington. Donc la France voulait inonder l'Amérique de ses produits et ne rien lui acheter. Lorsque je me suis embarqué à New-York, en juin dernier, je pouvais raisonnablement supposer que l'exagération était tombée d'elle-même, et que vos concitoyens commençaient à admettre ma sincérité.

Plus tard, après la conférence de Paris, j'ai saisi chez mes compatriotes les indices d'une erreur toute contraire. Des Français remarquèrent que les Américains étaient exacts au rendez-vous fixé au 7 août; qu'ils avaient de longues séances préparatoires ; que, au lieu de se réunir pour causer de choses indifférentes, ils ne se voyaient que pour discuter, s'éclairer et se rendre compte. Alors un sentiment se fit jour. On inféra que les Américains ne prenaient tant à cœur la cause du traité de commerce que dans le but certain, évident de se

Jouer de la France en gardant pour eux tous les avantages.
Et comme les ennemis du repos national n'avaient traversé
l'Atlantique qu'à mes instances, on en concluait que je vous
avais vendu ma patrie, et que tous mes actes révélaient la
volonté d'un traître.

Je crois que, quand j'ai quitté la France, ces doutes et ces
appréhensions étaient dissipés. Aujourd'hui, je m'adresse
à vous, et je vous dis : Bien que les auteurs de ce projet
soient des hommes sages, prudents, éclairés, j'ose appeler
sur leur œuvre l'attention scrupuleuse du peuple des États-
Unis. Je ne vous dis pas : Approuvez ce qui a été fait à Paris.
Non. Je pense que, si droites qu'elles soient, les intentions
des délégués français et américains n'offrent pas ici une garantie suffisante. Quand on veut innover, on doit craindre de
remplacer un abus par un autre. Nous déclarons bien haut
qu'un traité de commerce signé par deux hommes, deux ministres, qui n'ont daigné consulter que leurs secrétaires,
n'apporte aux industriels qu'un ensemble de choquantes
inégalités. Nous prenons la résolution de corriger ce mal.
Mais le progrès serait illusoire si toute notre ardeur se bor-
nait à remplacer deux ministres par quatre-vingts délégués.
Certes, nous devons supposer que quatre-vingts cerveaux
renferment plus de maturité et de science pratique que deux
cerveaux. Nous relevons l'entreprise dans la proportion de
deux à quatre-vingts. C'est pourtant peu de chose encore si
nous considérons les 43 millions d'habitants des États-Unis
et les 36 millions d'habitants de la France.

Dans le but de rester conséquents avec nous-mêmes, nous
interrogeons les représentants des masses qui forment l'opinion publique. En nous donnant votre avis franc et loyal,
vous servirez, messieurs, les intérêts que vous êtes chargés
de défendre et de sauvegarder.

Le colonel John W. Forney, directeur et fondateur du *Progress*
de Philadelphie, a présenté M. Léon Chotteau à M. Carey, l'ardent protectionniste si connu, à M. le général Paterson, et à
d'autres célébrités de la Pensylvanie.

Le délégué français a partout rencontré un accueil sympathique. Il est parvenu, dans certains groupes, à détruire des
préventions.

M. H. M. Hunt, du *Record*, a prêté à M. Chotteau un concours
aussi intelligent qu'empressé.

V

NOUVELLE-ORLÉANS

Cotton-Exchange et Chambre de commerce. — Réunion du 7 avril 1879.

PRÉSIDENT : JOHN B. LAFFITTE

La France et la Grande-Bretagne provoquèrent, en 1860, un mouvement qui a entraîné l'Europe et qui entraînera le monde.

A cette époque on pouvait, on devait supposer que les conventions internationales subiraient plus tard, avant d'être renouvelées, les modifications que le temps aurait rendues nécessaires; mais on était loin de penser que, après vingt ans de succès, on verrait des hommes s'efforcer de rétablir l'ancien état de choses.

De tels hommes se sont rencontrés, et en France, tout récemment. Ils se remuaient beaucoup, parlaient avec arrogance, et criaient déjà victoire. Le public sensé, tout à coup, s'émut. Au nombre des protestations qui surgirent, on remarqua la lettre adressée au ministre du commerce par la Chambre de commerce de Paris, où se trouve le passage suivant : « La Chambre est persuadée que les traités ont enrichi la France, au lieu d'avoir porté préjudice à ses intérêts. »

Que voulaient donc les ennemis des traités de commerce ? Ce qu'ils appelaient un tarif de douane « autonome. »

On aperçoit qu'un tel tarif eût été rédigé dans le seul but de soustraire certaines industries françaises, peu dignes d'intérêt, à la concurrence de l'étranger. Sans se préoccuper du consommateur, que l'on néglige trop souvent, comme le disait un jour M. Menier, on aurait servi les vues exclusives de chaque fabricant apeuré.

Les réformateurs enthousiastes, cependant, ne réglaient ainsi que le sort de l'importation. Or, la France exporte. Elle a exporté en 1878, 3,369 millions de produits. Devait-elle, pour complaire aux fabricants de chandelles qui reprochent au soleil de leur faire concurrence pendant le jour, refuser de satisfaire les exigences de l'étranger, c'est-à-dire renoncer aux 3,300 millions de l'exportation? Car les produits s'échangent contre les produits, et si l'étranger, grâce au tarif autonome français, ne vendait plus à la France, il refuserait aussitôt de lui acheter.

Vous sentez maintenant que la France ne saurait changer sa politique commerciale. Elle songe si peu, d'ailleurs, à retourner en arrière, qu'elle s'efforce de pousser en avant la grande République américaine, où j'ai l'honneur de vivre en ce moment.

Les États-Unis ont encore le tarif « autonome » que certains de mes compatriotes ont voulu ramener en France. Ce tarif convenait autrefois, lorsque les industries américaines grandissaient et se développaient. Aujourd'hui, la production des États-Unis est une force exubérante qui veut s'affirmer au delà des frontières.

Vous produisez plus que vos besoins ne réclament, et le territoire national, à votre activité, offre un théâtre trop petit. Vous entendez exporter au loin. Désir légitime. Mais le tarif des États-Unis n'avait prévu que l'importation. Ne vous étonnez donc pas de voir vos exportations dans la situation où se trouveraient aujourd'hui les exportateurs français si les idées de réaction économique avaient triomphé en France.

Est-ce à dire qu'il faille étouffer la voix des industriels d'Amérique prétendus menacés par un traité de réciprocité avec la France? Non, messieurs. Et pour vous montrer que mes intentions sont droites, je vous annonce que je tiendrai grand compte des résolutions que votera la « Silk Association de New-York » après m'avoir entendu. De même, je consulterai les vignerons de la Californie. La Chambre de commerce de San-Francisco accepterait un traité franco-américain, à la condition que le traité ne s'appliquât pas aux vins.

Vous m'aiderez, je l'espère, à gagner la confiance des Californiens.

L'année qui a pris fin le 31 juillet 1878 a donné ce résultat au port de la Nouvelle-Orléans :

Exportations	84.801.721 00 dollars.
Importations	11.431.420 00 —
Excès des exportations	———————
sur les importations.	73.427.301 00 dollars.

La douane de la Nouvelle-Orléans a reçu 1,635,537 00 dollars.

Dans le chiffre de vos exportations, le coton en balles entre pour 74,332,031 00 dont :

Grande-Bretagne...... 42.107.250 00 dollars.
France............... 16.719.580 00 —

D'ailleurs, du 1er juillet au 30 juin 1878, de tout le coton en balles exporté des Etats-Unis, la Grande-Bretagne a reçu 65,73 pour 100 (117,431,051 00 dollars) et la France 14,42 pour 100 (25,955,403 00 dollars).

L'écart entre 65,73 et 14,42 pour 100 paraît étrange, puisque votre coton est affranchi de droits d'entrée en France aussi bien qu'en Angleterre. L'étonnement cesse, si l'on se rend compte de l'ensemble des faits qui favorisent les exportations des Etat-Unis en Angleterre et paralysent les mêmes exportations en France.

En 1877-1878 vous avez exporté, en sucre brun et raffiné, pour 697 00 dollars.

Vous en avez importé pour 2,160,758 00 dollars.

Du 1er juillet 1877 au 30 juin 1878, la valeur du sucre brun ou raffiné et des mélasses importées aux Etats-Unis s'élève à la somme de 70,826,448 00 dollars.

Si vous désirez connaître le rôle de la France dans ce genre d'importation, parcourez les chiffres ci-dessous :

Cuba................. 50.087.509 00 dollars.
Possessions espagnoles.. 5.682.826 00 —
Porto-Rico........... 4.743.653 00 —
Indes occidentales an-
glaises et Honduras
anglais............. 3.678.019 00 —
Brésil.............. 3.165.384 00 —
Indes occidentales fran-
çaises et Guinée fran-
çaise .... 2.818.867 00 —
Iles Hawaï........... 2.201.770 00 —
Guinée anglaise........ 2.183.317 00 —

A reporter........ 74.634.384 00 dollars.

Report................	71.031.381 00	dollars.
Indes occidentales alle-		
mandes..............	1.567.037 00	—
Hong-Kong.............	850.657 00	—
Indes orientales anglai-		
ses..................	726.097 00	—
Chine	437.001.00	—
Indes occidentales danoi-		
ses..................	267.031 00	—
Indes orientales alleman-		
des et Guinée alleman-		
de..................	230.375 00	—
Saint-Domingue........	222.059 00	—
Angleterre.............	176.512 00	—
Mexique..............	155.609 00	—
Belgique.............	120.117 00	—
Amérique anglaise du		
Nord	117.892 00	—
Etats de l'Amérique Cen-		
trale...............	114.431 00	—
Possessions anglaises		
d'Afrique	88.826 00	—
Etats-Unis de Colombie.	66.737 00	—
Haïti	20.510 00	—
Pérou	8.626 00	—
Allemagne............	6.431 00	—
France...............	1.105 00	—
Autres pays...........	32 00	—
Total	79.826.418 00	—

Vous voyez bien que la France arrive la vingt-sixième de toutes les nations qui s'efforcent de répondre aux besoins de la consommation américaine.

Les Etat-Unis produisent du sucre. En 1850, sur une production totale de 247,577 boucauts, la Louisiane avait fourni 226,001 boucauts; l'Alabama, 8,242, et la Floride, la Géorgie, le Texas avaient donné le reste.

En 1860, nous trouvons :

Production totale...........	230.082	boucauts.
Dont,		
Louisiane.................	221.726	—
Texas....................	6.099	—

Dix ans plus tard, en 1870, nous constatons :

Louisiane.................... 80.706 boucauts.
Texas, Floride et autres États.   6.337   —

De 1850 à 1854, la moyenne de la production annuelle en Louisiane fut de 324,277,200 livres. De 1874 à 1878, cette moyenne est tombée à 147,787,678 livres. Différence en moins, 54,4 pour 100.

On explique le ralentissement par le progrès des importations de sucre brun aux États-Unis :

Importation de 1850 à 1854....   1.017.533.200 livres.
Importation de 1874 à 1878....   7.824.922.380   —

Accroissement............   5.007.389.180 livres.

Aussi, de 1850 à 1854, 48 pour 100 du sucre consommé aux États-Unis ont été fournis par la production nationale.

De 1874 à 1878, les 48 pour 100 tombent à 0.

Si les importations aux États-Unis, de 1874 à 1878, ont réellement contribué au résultat révélé par les 0 pour 100, vous n'avez presque rien à reprocher à la France.

De 1857 à 1876, les colonies françaises ont exporté des sucres bruts en Angleterre, en Italie, en Algérie et au Sénégal pour une somme moyenne annuelle de 17,444 francs.

Dans la même période, les sucres bruts exportés de France en Belgique, Angleterre, Italie et Russie représentent une valeur annuelle de 41,677,040 francs.

De 1857 à 1876, la France a également exporté des sucres raffinés en Russie, Suède, Norvège, Allemagne, Belgique, Angleterre, Espagne, Italie, Suisse, Grèce, Turquie, Egypte, États Barbaresques, Uruguay, République Argentine, Chili pour une valeur moyenne annuelle de 101,872,420 francs.

Elle a envoyé des sucres «vergeoises» en Belgique, Angleterre, Italie, Suisse pour 2,256,040 francs.

Elle a expédié des mélasses en Suède, Norvège, Allemagne, Belgique, Angleterre, Italie, Suisse pour 2,167,610 francs.

Elle a adressé des sirops, des confitures et des bonbons en Allemagne, Belgique, Angleterre, Espagne, Italie, Suisse, Turquie, États-Unis (nous les rencontrons pour la première fois) pour 4,315,420 francs.

A quel régime est soumis à l'étranger le sucre français brut et raffiné?

Angleterre, exemption complète.············

Allemagne, par 100 kilogrammes, sucre brut 30 francs; sucre raffiné 37 fr. 50 c.

Autriche, sucre brut de 31 fr. 50 c. à 47 fr. 25 c.; raffiné 65 fr. 75 c.

Belgique, sucre brut au-dessus du n° 18 et au-dessous, exempt; sucre raffiné de 51 fr. 13 c. à 54 fr. 70 c.

Les droits fixés par l'Espagne sont de 75 fr. 51 c. à 31 fr. 83 c.; par la Grèce, de 10 fr. 55 c. à 17 fr. 58 c.; par l'Italie, de 20 fr. 80 c. à 28 fr. 85 c.; par la Norvège, de 39 fr. 30 c. à 51 francs; par les Pays-Bas, de 38 fr. 35 c. à 61 fr. 25 c.

Le Portugal taxe le kilogramme de 50 c. à 75 c. La Russie frappe les 100 kilogrammes de 73 fr. 23 c. à 109 fr. 88 c. La Suisse, pour la même quantité, réclame 7 francs. La Turquie demande 8 pour 100 de la valeur officielle.

Aux Etats-Unis le droit est ainsi fixé :

Sirop d'égouttage, sirop de jus de canne à sucre, mélado, mélasse et mélado concentrée, par liv.	0,01 dollar	7/8 c.
Sucre brut ou mascovado: Egal en couleur au type hollandais n° 7........	0,02 —	3/10 c.
Supérieur en couleur au type hollandais n° 7 et non au type n° 10.....	0,02 —	1/2 c.
Supérieur en couleur au type hollandais n° 10 et et non au type n° 13...	0,02 —	13/10 c.
Supérieur au type n° 13 et non au type n° 16.....	0,03 —	7/10 c.
Supérieur au type n° 16 et non au type n° 20.....	0,05 c.	
Sucre raffiné en pains, en lumps, cassé, en poudre, pulvérisé ou en morceaux.................	0,05 c.	

Sous l'influence du tarif américain, la France, comme nous l'avons vu, n'a commencé à exporter du sucre et des mélasses aux Etats-Unis qu'en 1875, et pour une somme de 1,105 dollars.

C'est peu, sans doute. La France, toutefois, vient chez vous. Pourquoi n'iriez-vous pas chez elle? Vous avez exporté, en 1878, pour 607 dollars. Si cet essai timide vous encourage, vous trouverez, dans l'exportation, le moyen de redonner à votre industrie du sucre son éclat d'autrefois.

De 1867 à 1876, la France a reçu des sucres bruts, au-dessous du n° 13, des Pays-Bas, de la Belgique, de l'Egypte, des possessions anglaises d'Afrique, des Indes hollandaises, du Brésil, des possessions espagnoles d'Amérique, pour une somme moyenne annuelle de 43,774,186 francs.

Elle a reçu, du n° 13 au n° 20 inclusivement, des mêmes pays, moins le Brésil, pour une somme moyenne annuelle de 10,765,533 francs.

Les sucres bruts, assimilés aux raffinés, poudres blanches au-dessous du n° 20, venus en France de l'Egypte et de quelques autres pays, représentent pour la même période de 1867 à 1876, une valeur annuelle de 117,226 francs.

Dans ces dix années, la Belgique presque seule a fourni annuellement à la France pour 1,708,285 francs de sucre raffiné.

La mélasse venue en France de l'Allemagne, des Pays-Bas et de la Belgique donne le chiffre annuel de 3,274,807 francs.

Les sirops, les confitures et les bonbons de l'Allemagne, de l'Angleterre, de l'Italie, de la Suisse et de la Turquie, de 1867 à 1876, figurent dans les importations en France, pour la valeur moyenne annuelle de 651,502 francs.

D'après le tarif général français, les sucres bruts allant directement en France d'un pays hors d'Europe, payent, par 100 kil., de 63 à 66 francs; passant par un entrepôt d'Europe, de 66 à 69 francs.

Les sucres bruts de betteraves ou de cannes, soumis au tarif conventionnel, acquittent, par 100 kil., une taxe de 62, 63 à 69 francs, plus 4 pour cent et parfois 2 pour cent à ajouter au 4 pour cent.

On voit ici, chose bizarre, le tarif conventionnel plus sévère que le tarif général.

Les sucres raffinés des pays étrangers sont prohibés en France par le tarif général français.

D'après le tarif conventionnel, les sucres raffinés ou assimilés aux raffinés payent, par 150 kil., de 78 fr. 25 c. à 82 fr. 55 c. et 4 pour cent en sus. Les mélasses destinées à la distillation sont exemptées par le tarif général français, si elles vont directement en France. Passant par un entrepôt d'Europe, elles sont frappées de 3 francs par 100 kil.

Le tarif conventionnel les exempte dans tous les cas.

Les mélasses pour toute autre destination sont soumises aux droits suivants :

Tarif général, allant directement en France, par 100 kil. nets, de 21 fr. 45 c. à 63 francs; passant par un entrepôt d'Europe, de 21 fr. 43 c. à 66 francs. Tarif conventionnel, de 21 fr. 45 c. à 63 francs, et 4 pour 100, parfois 2 pour 100 en outre des 4.

Même remarque que plus haut : le tarif conventionnel plus rigoureux que le tarif général.

Les sirops et les bonbons acquittent la même taxe sous le tarif conventionnel que sous le tarif général : directement, 63 francs les 100 kil. nets; par un entrepôt, 66 francs.

Les confitures, d'après le tarif général français, sont frappées d'une taxe de 12 francs à 31 fr. 50 c. pour 100 kil. nets, si elles vont directement en France. La taxe, par un entrepôt d'Europe, va de 15 fr. à 34 fr. 50 c.

Le tarif conventionnel, par 100 kil. nets, impose un droit variant de 8 fr. à 33 fr., plus de 4 pour 100.

Mon seul but, en vous montrant ce qu'est le tarif conventionnel, et en quoi il peut être adouci, est de faire naître en vous l'espoir d'exporter en France. Les manufacturiers du Massachusetts et de la Pensylvanie désirent s'ouvrir le marché français. Rien de plus légitime. Le dix-neuvième siècle excite les peuples à la grande lutte du travail. Vous vous engagerez avec d'autant plus d'assurance dans cette lutte que vous aurez facilité, par votre concours intelligent, la conclusion d'un acte destiné à améliorer les relations commerciales de la France et des Etats-Unis.

L'année dernière, vous aviez accepté avec empressement, je puis dire avec enthousiasme, l'idée d'un traité de commerce franco-américain. Au nombre des avantages que semblait vous ménager un accord conclu, devait figurer une réduction des droits frappant les vins français en Amérique.

Mais les Californiens ont pris la parole et ont dit :

— Un traité de commerce avec la France! Fort bien, à la condition que ce traité ne s'applique pas aux vins.

Si la Californie excepte les vins, parce qu'elle a des vignobles, et si la Louisiane excepte les sucres, parce qu'elle possède des champs de canne, comment parviendrons-nous à concilier les intérêts que nous avons pour mission de rapprocher?

J'ignore si une réduction de droits sur les sucres français augmentera le chiffre insignifiant de l'exportation de France aux États-Unis. J'ignore même si vous ne pouvez vaincre l'opposition de la Californie qu'en proposant la réduction dont je viens vous parler. Peut-être allez-vous m'indiquer le moyen de gagner la Chambre de commerce de San-Francisco. Éclairez-moi.

Je viens vers vous sans parti pris, animé de la seule ambition de vous interroger, et de transmettre l'expression de vos vœux aux pouvoirs compétents. Vous possédez à Washington des législateurs qui connaissent leurs devoirs et savent les remplir. Lorsque le moment sera venu, les membres du Congrès compulseront les réponses des intéressés français et américains. Ils feront sortir, du mouvement actuel, l'acte destiné à augmenter la richesse de la France et des États-Unis, en affermissant l'idée républicaine dans le monde.

Le nouveau consul de France, M. le vicomte d'Abzac, venait d'arriver à la Nouvelle-Orléans lorsque M. Léon Chotteau fut reçu par le Cotton-Exchange et la Chambre de commerce.

M. d'Abzac, en favorisant les efforts du délégué, a réellement servi les intérêts de la France.

M. Félix Limet, directeur de l'*Abeille* de la Nouvelle-Orléans, a également droit à une large part de la reconnaissance de M. Chotteau.

VI

SAINT-LOUIS

Merchants' Exchange. — *Réunion du 14 avril 1870.*

PRÉSIDENT : JOHN WAHL

Les traités de commerce ont pour but de rapprocher les peuples producteurs et d'agrandir le marché universel. Ce but est toujours atteint lorsque, de l'inégalité des droits imposés, sort une égalité d'avantages. Les hommes qui exploitent, au profit de l'humanité, les richesses du monde, prétendent grouper les forces multiples de l'industrie et du commerce. Ils y arrivent par l'échange international mis à l'abri des surprises et des commotions.

Or, l'acte qui apporte, maintient, garantit la sécurité, c'est le traité de réciprocité.

Lorsqu'un tel acte existe entre deux peuples, on l'exécute loyalement pendant un laps de temps limité. On le renouvelle plus tard, en y apportant les modifications nécessaires. Mais on ne doit l'amender qu'avec une extrême prudence. Ici, l'importance des intérêts en jeu commande la réflexion. Une mesure irréfléchie aurait les conséquences les plus graves. Rappelez-vous la dénonciation du traité franco-autrichien. Cette convention a expiré brusquement le 31 décembre 1878, à minuit. Une des clauses du contrat portait que le droit de francisation d'un navire serait de 2 francs par tonneau. Si bien que la Compagnie générale transatlantique a fait franciser un navire de 2,000 tonneaux le 31 décembre, et a payé 4,000 francs. Elle eût payé, le lendemain, 120,000 francs, car la taxe était remontée à 60 francs.

D'ailleurs, le lendemain, 1er janvier 1879, un constructeur de la Clyde, peu au courant de la situation, livra, au Havre, un navire de 500 tonneaux, pour lequel il pensait payer 1,000 francs. On lui réclama bel et bien 30,000 francs.

Cet exemple vous prouve que le Gouvernement français de l'année dernière, qui n'est plus celui d'aujourd'hui, avait agi, vis-à-vis de l'Autriche, avec une hâte que rien ne justifiait. La précipitation était d'autant moins exigée qu'une loi

du 14 mars 1873, votée par l'Assemblée de Versailles, portait :
« Les tarifs conventionnels resteront en vigueur jusqu'à l'application des tarifs nouveaux, votés ou à voter par l'Assemblée nationale. » La douane française commettait donc un abus de pouvoir en aggravant les anciens droits, et le constructeur de la Clyde pouvait réclamer 20,000 francs sur les 30,000 francs indûment perçus.

Si de telles perturbations éclataient souvent, les exportateurs emploieraient la plus belle part de leur énergie à se guetter, à s'épier et à se surprendre.

Ils ne donneraient plus qu'une attention distraite aux progrès à réaliser dans l'industrie, puisque ces progrès seraient à la merci des retardataires qu'aucune convention internationale n'empêcherait de surgir à l'improviste. Ainsi, le commerce deviendrait une impossibilité.

Fort heureusement, nous n'assisterons pas à ce spectacle. Les nations d'Europe qui ont senti les effets du mouvement inauguré en 1860, attendent, de plus en plus, des traités de commerce, leur bien-être et leur prospérité.

La France, en particulier, se félicite d'avoir accepté, en 1860, l'offre loyale de l'Angleterre. A son tour, elle vous propose un contrat qui sauvegarde les intérêts respectifs des deux peuples, et devienne, pour vous et mes compatriotes, la récompense du travail intelligent.

La situation de la France commerciale, vis-à-vis des Etats-Unis, est ainsi établie :

Pour l'année finissant le 30 juin 1878, les Etats-Unis enregistrent :

Exportations............	680.709.268	dollars
Importations............	437.051.532	—
Excès des importations sur les exportations...	243.657.736	—

Le commerce des Etats-Unis avec la Grande-Bretagne et la France, importations et exportations réunies, accuse :

Grande-Bretagne	494.791.497 dollars	ou 43 14 0/0
France.........	08.608.008 —	ou 8 61 0/0

La France a plus d'habitants et plus de besoins que la

Grande-Bretagne. Les 43 14 0/0 ne tombent à 8 61 0/0 que par l'effet d'une situation anormale. Améliorez cette situation, et vous gagnerez la différence révélée par les chiffres ci-dessus, c'est-à-dire 305,023,899 dollars.

Si nous séparons les exportations des importations, nous trouvons :

Exportation des États-Unis
en Grande-Bretagne....   228.431.574 dollars ou 51 57 0/0
France..................   51.280.018   —   ou 7 79 0/0

La France, au nombre de vos débouchés extérieurs, occupe donc le second rang, et vous auriez à vous relever avec elle, par un traité de commerce, de 7 70 à 51 57 0/0, c'est-à-dire à augmenter le chiffre de vos exportations en France d'au moins 174,111,650 dollars.

Les importations aux États-Unis vous donnent :
Importations de :

Grande-Bretagne ,   107.290.677 dollars ou 24 55 0/0
Cuba et Porto-Rico   61.702.149   —   ou 14 12 0/0
France..........   43.378.870   —   ou 0 92 0/0

La France, vous le comprenez, vous demandera quelques concessions. Elle tentera de dépasser les 0 92 0/0 pour arriver aux 14 12 0/0, si elle ne peut atteindre aux 24 55. Elle aura le désir légitime de gagner avec vous 18,323,279 ou même 63,911,807 dollars par an.

Une telle éventualité ne vient pas exciter vos alarmes, puisque vous vous réservez le soin de gagner annuellement, avec la France 174,111,650 dollars.

Le traité de commerce franco-américain vous assure donc, avec la France, un privilège de 110,220,819 dollars.

Ce qui vous permettra de corriger les chiffres ci-dessous. En 1878, l'excès des exportations des États-Unis sur les importations aux États-Unis a été de :

En Grande-Bretagne........   280.140.053 dollars.
Allemagne...............   20.010.712   —
Belgique................   19.654.739   —
Possessions anglaises de l'A-
mérique du Nord........   12.028.019   —
France ....   11.910.208   —

Parmi les pays où se portent vos produits avec un véritable succès, la France n'est que le cinquième. Elle prendra la première place, si vous favorisez la conclusion d'un traité franco-américain.

Mais en quoi un pareil acte peut-il intéresser Saint-Louis?

Etudions votre mouvement d'exportation; en 1878 Saint-Louis a exporté 129,821 balles de coton, dont

Angleterre...................... 121.148 balles.
France........................   4.257   —

Un pareil écart nous semblerait étrange, si l'état général de vos relations avec l'Angleterre et la France ne vous laissait pressentir la réalité.

Vous avez expédié, en destination de l'étranger, 265,068 barils de farine, dont :

Grande-Bretagne............. 211.043 barils.
Belgique...................... 13,815   —
France........................   045   —

Un traité de commerce rétablirait l'harmonie des rapports. La France vous offrirait un marché aussi précieux que celui de l'Angleterre; et vous pourriez remplacer les 045 barils par les 211,043 que vous demande la Grande-Bretagne.

Vos viandes représentent 8,613,760 livres, dont :

Grande-Bretagne............ 2.684.685 livres.
Belgique.................... 2.297.645   —
Allemagne.................. 077.432   —
France .... 200.347   —

Le tarif anglais exempte votre produit.

En France, avec le tarif conventionnel, vous seriez soumis à des droits moins rigoureux. Car on vous applique aujourd'hui le tarif général que l'on réserve à toutes les nations qui n'ont pas de traités avec la France.

Les deux régimes anglais et français vous expliquent pourquoi vous envoyez 2,684,685 livres de viandes à la Grande-Bretagne, et seulement 200,347 livres en France.

Pour le lard, sur une exportation de 1,039,830 livres, vous avez dressé :

Grande-Bretagne................. 614,130 livres.
Belgique....................... 330,000 —
Allemagne...................... 62,700 —
Hollande....................... 33,000 —
France......................... Rien.

Ici, le contraste est encore plus frappant.

Le suif et la graisse partis de Saint-Louis confirment nos prémisses ; car nous constatons 460,035 livres, dont :

Grande-Bretagne.............. 460,035 livres.
France....................... Rien.

Tout le blé expédié de Saint-Louis en destination de l'étranger, c'est-à-dire 16,188 boisseaux, est allé en Angleterre et en Irlande. La France n'en a rien reçu.

Votre tabac nous offre le même spectacle et nous conduit à la même conclusion ; car, sur 7,319 boucauts expédiés de Saint-Louis, nous lisons :

Grande-Bretagne............ 6,237 boucauts.
Belgique................... 831 —
Allemagne.................. 139 —
France..................... Rien.

De 1867 à 1870, la moyenne annuelle du tabac en feuilles ou en côtes importé en France de l'Allemagne, de l'Autriche, de l'Italie, de la Grèce, de la Turquie, des États-Unis, de l'Algérie et de quelques autres pays fut de 18,052,103 kil., représentant une valeur de 22,896,282 fr.

Les États-Unis seuls, en 1870, ont donné 12,610,312 kil.

La France, de 1867 à 1870, a également importé du tabac fabriqué.

Les cigares de l'Allemagne, de la Belgique, de la Suisse, des possessions espagnoles d'Amérique, et d'autres pays, forment par année et par centaines, 277,126 pour une valeur moyenne annuelle de 5,220,146 francs.

Les cigarettes de l'Allemagne, des possessions espagnoles d'Amérique et autre pays, constituent une moyenne annuelle de 3,014 kil., et une valeur annuelle de 20,407 francs.

La France exporte aussi du tabac. Elle a exporté dans la période de 1867 à 1870 du tabac en feuilles ou en côtes en Allemagne, aux Pays-Bas, en Belgique, en Angleterre, aux possessions anglaises de la Méditerranée, en Espagne, en Italie, en Suisse, sur la côte occidentale d'Afrique, en Algérie et dans quelques autres pays, une quantité moyenne annuelle de 375,701 kil. valant 810,085 francs.

Le tabac fabriqué ou seulement exporté de France en Allemagne, Angleterre, possessions anglaises de la Méditerranée, Espagne, Italie, Suisse, Turquie, Egypte, Brésil, Uruguay, République Argentine, Pérou, Algérie, Saint-Pierre et autres pays, donne une moyenne annuelle de 242,242 kil., et une valeur de 1,239,227 francs.

Les chiffres ci-dessus vous prouvent que la France a surtout besoin de s'alimenter à l'étranger.

Autrefois, les consuls français achetaient au nom de leur gouvernement.

Aujourd'hui, l'administration s'approvisionne à Paris, à un jour fixé et par soumissions cachetées.

Le ministère s'impose d'avance un maximum qu'il entend ne pas dépasser. Mais on nous assure que, grâce à certaines indiscrétions, le maximum est toujours connu des adjudicataires concurrents.

Vous apercevez que l'Etat paye ainsi beaucoup plus cher aux vendeurs admis dans le complot. Supposez que le ministre de France, d'après les renseignements venus de loin, se soit promis de ne pas acheter au-dessus de 120 francs. Le maximum est si bien tenu secret que les maisons intéressées le connaissent immédiatement. Que font ces maisons ? Elles se coalisent et offrent de vendre à un prix se rapprochant beaucoup de 120 francs, par exemple à 110 fr. 50 ou 110 fr. 75. Peut-être auraient-elles vendu à 110 francs. Elles ont eu le talent de se renseigner. Elles vendent cher et se croient d'autant mieux autorisées à livrer des qualités inférieures.

Le gouvernement français serait sans doute moins exposé à l'erreur s'il revenait au mode d'achat d'autrefois, ou s'il chargeait des agents spéciaux d'acheter en son nom. Une telle innovation pourrait être la conséquence d'un traité de commerce avec la France, et les tabacs du Maryland, de la Virginie, du Kentucky et du Missouri, auxquels, semble-t-il, on ne rend pas assez justice à Paris, auraient tout le succès que vous leur souhaitez.

De ce côté, comme de tous les autres côtés, vous avez donc un intérêt prochain et immédiat à favoriser un accord entre nos deux nations.

Je viens de la Nouvelle-Orléans, et j'y ai appris ceci : Depuis que les travaux du capitaine Eads, votre illustre concitoyen, ont ouvert le Mississipi aux plus grands navires, le Missouri et la région qui l'entoure sont naturellement portés à établir des relations commerciales régulières avec la France. La Compagnie générale transatlantique a comblé les vœux des Louisianais, en établissant un service de steamers entre la Nouvelle-Orléans et Marseille. Elle a, j'aime à le croire, répondu également à vos préoccupations.

Voilà, messieurs, tout ce que j'avais à vous dire. Vous m'avez écouté avec bienveillance. Merci !

Un citoyen éminent de Philadelphie me déclarait l'autre jour :

— Vous demandez aux intéressés ce qu'ils désirent, ce qu'ils pensent, et vous vous proposez de transmettre les réponses de l'opinion publique aux pouvoirs compétents. Cela est très-républicain, et je vous approuve.

J'espère que, par des résolutions votées, vous me donnerez aussi votre assentiment.

Vous êtes nos aînés en République. Vous ne pouvez refuser de vous associer à un mouvement qui tend, au fond, à affirmer le principe de liberté sur lequel reposent aujourd'hui vos institutions et les nôtres.

A Saint-Louis, M. Emile Karst, consul français, délégué par le Merchants'Exchange à la Conférence de Paris, a présenté un rapport auquel rendent justice les résolutions votées que nous publions au titre : *Résultats obtenus*.

VII

CINCINNATI

Chambre de commerce. — Réunion du 21 avril 1879.

PRÉSIDENT : J. LESTER TAYLOR

Une nation active, courageuse, intelligente, éprouve bientôt le besoin d'écouler au dehors l'excédant de sa production. Mais elle ne peut vendre avec profit qu'à la nation étrangère qui produit beaucoup de son côté, et qui, par cela même, est capable de lui donner quelque chose en retour. Car les produits, on ne saurait trop le répéter, s'échangent contre les produits.

Vous devez en conclure que chaque peuple est intéressé à la prospérité des peuples qui l'entourent, et que le gain réalisé sur un point quelconque du globe est toujours utile aux industriels qui favorisent la concurrence, au lieu de la restreindre.

On ne l'ignore plus aujourd'hui, et c'est grâce aux expositions universelles que les haines se sont éteintes, que les préventions ont disparu, et que les producteurs d'un pays ont pris la bonne habitude de jeter les yeux au delà des frontières.

Le désir d'exporter au loin a fait naître la nécessité de donner aux transactions la sécurité que réclament le commerce et l'industrie. On a trouvé, dans les traités de commerce, la garantie de l'avenir.

Une exposition universelle a pour but, qu'on le sache ou qu'on l'ignore, d'enseigner aux peuples les avantages qu'ils peuvent retirer d'une bonne et équitable réglementation de leurs rapports commerciaux.

A ce point de vue, nous formons des vœux pour que l'Exposition de New-York s'ouvre aussitôt que possible.

Après l'Exposition de Philadelphie, que votre illustre concitoyen, M. A. T. Goshorn, dirigea avec tant d'habileté, les Français tinrent aux Américains le langage que les Anglais leur avaient tenu en 1851, après la première Exposition de Londres :

— Que craignez-vous ? Vos produits nous révèlent que vous nous égalez toujours, que vous nous surpassez souvent. Déchirez votre tarif général, qui ne convient plus à votre tempérament, et adoptons le tarif conventionnel qui viendra stimuler vos efforts et les nôtres.

Les Américains de 1870, à l'exemple des Français de 1851, ont fait la sourde oreille. Ils réclamaient une autre expérience. 1878, à Paris, les a sans doute convaincus.

Les Français n'acceptèrent l'utilité d'une entente avec la Grande-Bretagne qu'après le concours international de 1855.

Aujourd'hui, en comptant les médailles remportées par eux l'année dernière, vos concitoyens ne peuvent manquer de se rendre à l'évidence.

Si, cependant, un contrat n'intervenait pas bientôt entre votre pays et le mien, l'Exposition de New-York serait une troisième épreuve, à laquelle ne saurait résister le bon sens de la nation américaine.

Cette Exposition, dit-on, ne se tiendra pas avant 1883. Peut-être aura-t-elle lieu plus tard encore. L'attente peut durer cinq ou six ans. Or, cinq ou six ans, dans la vie d'un peuple animé de la vitalité qui vous caractérise, représentent des millions gagnés, une richesse mieux établie, et un bien-être plus large.

Vous activerez la propagande inaugurée à Paris. Et s'il est nécessaire, pour éveiller votre zèle, de vous montrer en quoi Cincinnati profitera d'un accord signé par le gouvernement de Washington et celui de Versailles, je tâcherai de vous éclairer.

Cincinnati fait peu de commerce direct avec l'étranger, et semble, au premier abord, n'avoir pas un intérêt aussi direct que New-York à la conclusion d'un traité avec la France. Mais beaucoup d'exportations, que Cincinnati désigne pour l'intérieur, prennent la direction de New-York, et passent l'Océan. Si New-York, par un traité franco-américain, double ou triple ses exportations en France, Cincinnati expédiera deux ou trois fois autant de produits qu'aujourd'hui sur New-York. Voilà pourquoi le mouvement actuel ne peut vous laisser indifférents.

Pour l'année finissant le 31 août 1878, votre situation commerciale se résume de cette manière :

Importations des Etats-Unis..	223.237.157 dollars.
Exportations aux Etats-Unis..	185.209.616 —
Excès des importations sur les exportations	37.027.511 dollars.

Vous avez plus de 37 millions de dollars à gagner, si vous désirez établir une balance en votre faveur. Vous gagnerez cette somme par la convention internationale qui augmentera la prospérité de New-York vis-à-vis de la France.

Votre principal article d'exportation est le whisky (18 millions, 153,400 dollars). En ajoutant 740,232 dollars d'alcool, on trouve 18,898,632 dollars.

Vos envois furent presque tous destinés à l'intérieur ; car les Etats-Unis, dans l'année finissant au 30 juin 1878, n'ont adressé à l'étranger que pour 1,149,272 dollars de spiritueux.

La France importe des eaux-de-vie, des esprits et des liqueurs de l'Angleterre, de l'Espagne, de l'Italie, de l'Allemagne, des Pays-Bas, de la Belgique, des possessions anglaises d'Afrique, des possessions espagnoles d'Amérique, de la Guadeloupe et de la Martinique. De 1867 à 1870, elle en a demandé aux Etats-Unis pour une moyenne annuelle de 2,424 francs. Vous grossirez ce chiffre en améliorant l'état actuel de nos relations commerciales.

Vient ensuite l'article « Provision ». Il comprend le lard, le porc, le beurre, le poisson, les pommes, les haricots, les œufs, les oignons, les pommes de terre, la graisse. Il figure à votre actif pour 15,752,200 dollars.

L'année dernière, les Etats-Unis, en provision, ont exporté une valeur de 123,556,623 dont :

Grande-Bretagne..........	80.163.620 dollars.
France	8.022.625 —

La distance qui sépare 8 de 80 vous montre que les Etats-Unis sont placés, vis-à-vis de la France, dans une situation anormale ; et comme Cincinnati a expédié pour 15 millions de dollars, on peut raisonnablement supposer qu'une fraction importante de ces 15 millions a servi à former la somme des 123 millions exportés. Si donc la France recevait, comme l'Angleterre, pour 80 millions de provisions, les 123 millions atteindraient 180 millions, et Cincinnati n'y perdrait pas.

En 1878, les Etats-Unis ont exporté pour 28,481,482 dollars de tabac en feuilles ou manufacturé, dont :

> Grande-Bretagne............... 0.163.140 dollars.
> France .... 2.383.512   —

Cincinnati en a expédié sur la Nouvelle-Orléans, sur les ports de l'Est et du Nord, et sur l'Ouest pour 15.180.807 dollars.

Supposez que la France demande à votre pays une valeur, non plus de deux millions, mais de neuf millions de dollars de tabac. L'exportation du produit américain s'élève de sept millions. Pensez-vous que Cincinnati n'y verra pas augmenter son chiffre de quinze millions ? vous n'osez le penser.

Le fer et l'acier, bruts ou manufacturés, sortis des Etats-Unis, représentent une somme de 15,882,508 dollars :

> Grande-Bretagne............ 1.481.014 dollars.
> France .... 120.573   —

Vous en avez produit à Cincinnati, au delà de votre consommation, pour 12,032,380 dollars.

Si vous vous rappelez que tous les ouvrages en fonte, en tôle et fer-blanc, en acier, en fonte et fer sont prohibés en France par le tarif général, vous n'hésiterez pas à accepter le tarif conventionnel français. Ses dispositions équitables vous ouvrent le marché dont vous êtes exclus.

La logique ne perd jamais ses droits, et les inégalités choquantes que nous venons de vous signaler se retrouvent dans vos expéditions de coton. Une valeur de 9,613,111 dollars est sortie de Cincinnati. Faites que la France, au lieu de demander aux Etats-Unis pour 25 millions de dollars de coton, en réclame pour cent dix-neuf millions de dollars, chiffre de la Grande-Bretagne, et vous verrez si l'exportation américaine de ce produit, passant de cent quatre-vingt-onze millions à quelque chose comme deux cent quatre-vingt millions de dollars, ne favorisera pas votre cité d'une façon particulière.

Le commerce des animaux vivants, bétail, chevaux, mules, porcs et moutons, prend de l'extension aux États-Unis. En 1878, l'exportation fut de 5.844.653 dollars.

Grande-Bretagne............... 3.175.330 dollars.
France ....   41.460   —

Un pareil écart est capable de vous porter à rétablir l'équilibre entre les deux nations d'Europe, puisque Cincinnati, en 1878, a fait sortir de son rayon en bétail, chevaux et moutons, une valeur de 7,495,005 dollars.

Les céréales, au nombre des exportations des États-Unis, figurent pour 181,777,811 dollars.

Grande-Bretagne............ 125.817.003 dollars.
France.....................   7.655.008   —

Cincinnati serait véritablement sans excuse, si elle ne s'efforçait de faire élever les 7 millions de dollars jusqu'aux 125 millions, puisque les céréales livrées ici à la consommation atteignent une valeur de 5,812,823 dollars. Si l'exportation en France devient ce qu'elle doit être, la part contributive de Cincinnati, dans la consommation américaine, ne sera peut-être pas plus grande; mais l'Ohio enverra sûrement en France plus de grains qu'aujourd'hui.

Le sucre et les mélasses des États-Unis à l'étranger, en 1878, atteignent 4,878,407 dollars :

Grande-Bretagne......... 2.251.750 dollars.
France................... Rien.

Si la France recevait seulement la moitié des deux millions de dollars expédiés en Grande-Bretagne, Cincinnati n'aurait peut-être pas lieu de s'en plaindre; car le sucre et les mélasses figurent, dans les excédants de votre cité, pour 5 millions 160,215 dollars.

Les meubles américains jouissent au loin d'une réputation méritée. En 1878, les États-Unis ont exporté pour 16,776,411 dollars :

Grande-Bretagne......... 4.218.301 dollars.
France...................   657.122   —

Hâtez-vous de transformer les 657,000 dollars en millions;
car Cincinnati vend déjà pour 5,089,207 dollars de meubles.

Les observations qui précèdent s'appliquent à l'huile mi-
nérale :

Exportations des Etats-Unis....	46,571,074	dollars.
En Grande-Bretagne...........	6,508,517	—
En France...................	2,308,608	—
Exportations de Cincinnati.....	3,253,977	—

Tels sont, à Cincinnati, les principaux articles que les tendances actuelles du commerce des Etats-Unis avec l'étranger
vous permettent d'envoyer en France.

Un accroissement d'affaires, vous le sentez maintenant,
résultera pour vous d'un traité de commerce franco-américain.

Je vous révèle la dépression de vos échanges, et vous vous
hâtez de convenir que rien n'autorise un pareil état de choses.
Vous déclarez au contraire que tout nous pousse à supprimer
les entraves qui gênent aujourd'hui le développement de
notre production réciproque, et notre amitié séculaire, et
notre communauté d'idées et de sentiments.

Nous parviendrons, messieurs, à déblayer la voie qui
s'ouvre devant nous. Et l'œuvre accomplie d'un commun
accord aura pour conséquence inévitable l'union politique
plus étroite et plus sûre des deux grandes Républiques.

M. Virgil Gilmore, agent consulaire français, s'est fait un véritable devoir de favoriser à Cincinnati l'action du délégué de
Paris.

Puis, M. A. T. Goshorn a présenté M. Cholleau aux principaux
citoyens de la ville.

VIII

NEW-YORK

Association de la Soie. — Réunion du 13 mai 1879.

PRÉSIDENT : FRANK W. CHENEY

J'ai l'honneur de m'adresser aujourd'hui à une puissante Société qui sait se garder des élans irréfléchis, et prendre uniquement conseil de ses intérêts prochains. Washington, en descendant du pouvoir, recommandait à ses contemporains de résister toujours au sentiment qui ne serait pas d'accord avec la raison. Vous suivez les principes proclamés dans le discours d'adieux du premier Président de votre République. Aussi, parviendrons-nous vite à nous entendre.

Des hommes éminents de France et des États-Unis pensent qu'on peut améliorer l'état actuel des relations commerciales entre les deux pays. Ils désirent que le progrès attendu ne vienne compromettre l'avenir d'aucune industrie d'ici ni de là-bas. Vous approuverez leur prudence.

Vous fabriquez la soie, et votre production annuelle représente une valeur de plus de 20 millions de dollars, c'est-à-dire de plus de 100 millions de francs. Vous nous direz comment devra être conclu le traité franco-américain pour ne pas jeter le trouble dans vos usines.

Je vous étonnerai en vous révélant que des personnes bien intentionnées contestent encore aujourd'hui l'utilité des traités de commerce. Dans une ville des États-Unis que je ne vous nommerai pas, on a déclaré ceci : « Les pays fermés sont devenus prospères; les pays ouverts se sont appauvris. »

Si une telle observation est exacte, nous devons nous attendre à trouver la France dans une misère profonde, puisque la France, depuis 1860, c'est-à-dire depuis plus de vingt ans, s'obstine à ouvrir ses portes. Interrogeons les faits.

Le commerce de la France, importations et exportations réunies, donne ce résultat :

1850 : 2 milliards 400 millions de francs.
1878 : 7 milliards 830 millions de francs.

Les 7 milliards laissent supposer de nouvelles source d'activité. Et d'abord beaucoup plus de navires chargés sortis de France. En effet :

1850 : 3,030,000 tonnes, dont 1,473,000 tonnes sous pavillon français.

1870 : 5,614,000 tonnes, dont 2,302,480 tonnes sous pavillon français.

Le mouvement s'est fait sentir dans le tonnage des marchandises transportées par la navigation fluviale à vapeur :

1850 : 2,016,000 tonnes.

1870 : 6,146,034 tonnes.

Les chemins de fer ont également profité de l'innovation :

1850 : 10,017,700 tonnes transportées sur 9,004 kilomètres.

1870 : 62,131,107 tonnes transportées sur 20,316 kilomètres.

La poste française n'a pas lieu de s'en plaindre. Voyez plutôt :

1850 : 258,000,000 lettres postales, dont 18,465,730 pour l'étranger.

1875 : 367,443,307 lettres postales, dont 45,305,604 pour l'étranger.

Les directeurs des lignes télégraphiques auraient tort de gémir, car :

1850 : 508,501 dépêches, dont 141,703 internationales.

1870 : 8,080,004 dépêches, dont 1,027,240 internationales.

L'industrie française, pour produire davantage, a dû multiplier ses moyens d'action. Aussi :

1850 : 14,091 machines à vapeur employées dans l'industrie privée, représentant 109,167 chevaux de force motrice.

1875 : 32,000 machines, représentant 400,750 chevaux de force motrice.

Les ouvriers ont vu augmenter leur bien-être.

1850, 31 décembre : solde dû aux déposants des caisses d'épargne, 330,401,832 francs, répartis entre 1,121,405 livrets.

1875, 31 décembre : 600,413,068 francs répartis entre 2,305,507 livrets.

1878, 31 décembre, solde dû : 1,020,450,518 francs.

De tout cela résulte l'accroissement de la fortune publique en France.

1850 : valeur en capital des successions constatées : 2 milliards 400 millions de francs.

1870 : 7 milliards 700 millions de francs.

Vous conviendrez avec moi que vos compatriotes de *** se

sont trompés d'une étrange façon en affirmant que les traités
de commerce n'amenaient que la ruine. La vérité est qu'une
convention avec la France favoriserait votre commerce extérieur, encouragerait votre marine marchande, donnerait une
vie nouvelle à votre batellerie, augmenterait les recettes de
vos chemins de fer, de vos postes, de vos télégraphes, doublerait le nombre de vos machines à vapeur, permettrait à
vos ouvriers d'épargner, et donnerait à votre richesse nationale une base plus solide et plus sûre.

Les intérêts généraux de la République américaine vous
commmandent un accord avec la France. Mais comment cet
accord devra-t-il être rédigé pour sauvegarder les intérêts
spéciaux des fabricants de soie d'Amérique ?

La France exporte des tissus de soie en Allemagne, Angleterre, Portugal, Espagne, Italie, Suisse, Turquie, États-Unis,
Brésil, république Argentine, Algérie, Russie, Pays-Bas,
Belgique, Égypte, Indes anglaises, Mexique, Nouvelle-Gre-
nade, Uruguay, Chili, Pérou, Possessions espagnoles d'Amérique, Martinique, etc. Elle a expédié dans ces différents
pays, de 1867 à 1876, une valeur moyenne annuelle de
428,111,518 francs, dont 91,250,702 francs aux États-Unis.

En 1878, la France a exporté :

Tissus de soie	288.710.000 fr.
Soie et bourres de soie	142.315.000

Pour l'année finissant au 30 juin 1878, vous avez reçu de
l'étranger, en soie manufacturée :

France	10.801.287 dollars.
Graemagne.................	5.638.862 —
A llnde-Bretagne	2.787.300 —
Pays-Bas....................	300.033 —
Chine	73.107 —
Japon	19.478 —
Belgique...................	18.335 —
Italie......................	2.781 —
Canada	2.703 —
Hong-kong.................	2.998 —
Autres pays...............	1.326 —

19.837.072 dollars.

9

La valeur de la soie brute importée aux États-Unis se divise ainsi :

Chine	2.037.617	dollars.
Japon	831.353	—
France	721.425	—
Grande-Bretagne	520.252	—
Hong-kong	36.002	—
Allemagne	27.304	—
Belgique	2.505	—
Canada	506	—

5.103.081 dollars.

En ajoutant :

Vers à soie, œufs de vers à soie, cocons. 520.001 dollars.
Déchets .... 372.302   —

802.483 dollars,

on trouve que l'importation totale aux États-Unis, dans la dernière année fiscale, s'élève à 25,833,539 dollars, ou 129,167.695 francs.

Sur cette somme, la France représente 11,612,712 dollars, ou 58,063,560 francs, c'est-à-dire les 54,00 pour cent de votre importation de soie manufacturée et les 14,14 pour cent de votre importation de soie brute.

En Angleterre, les tissus de soie sont exempts.

Les tissus de soie ou de bourre de soie payent, en Allemagne, par 100 kilogrammes, de 225 à 300 francs.

L'Autriche a établi une taxe qui va de 300 à 400 francs.

La Belgique réclame 5 pour 100 de la valeur de tulles et dentelles, et, pour les autres tissus de soie, 300 francs par 100 kilogrammes.

En Espagne, le droit, par kilogramme, varie entre 0 fr. 72 et 29 fr. 70.

La Grèce, par 100 kilogrammes, exige, suivant la nature des tissus, 246 fr. 10, 562 fr. 50, ou même 1,687 fr. 05 (velours, peluches et voiles).

En Italie, par kilogramme, 0,50, 3, 5 ou 8 francs, et parfois de 5 à 10 pour 100 de la valeur.

La Norvège taxe le kilogramme de 2 fr. 47 à 4 fr. 85.

Dans les Pays-Bas, 5 pour 100 de la valeur.

En Portugal, on doit acquitter, par kilogramme, un droit variant de 11 fr. 25 à 38 fr. 75.

La Russie, également par kilogramme, reçoit 0 fr. 77, 20 fr. 49 ou 48 fr. 81.

En Suisse, par 100 kilogrammes, de 10 à 30 francs.

Enfin la Turquie se contente de 8 pour 100 de la valeur officielle.

Les chiffres que je viens de vous donner vous serviront de termes de comparaison avec les États-Unis, où le tarif général porte :

Tissus de soie pour robes ou en pièces, rubans et velours de soie pure ou velours dans lesquels la soie entre comme matière principale, *ad valorem*... 60 pour 100.

Tissus pour gilets châles, écharpes, mantilles, voiles, dentelles, chapeau . . . . et d'homme, cordons, passementerie de soie, etc., *orem*, 60 pour 100.

Tissus non dénommés dans lesquels la soie entre comme matière principale, *ad valorem*, 50 pour 100.

Peut-être me demanderez-vous déjà si un accord pratique intervenu entre les deux Républiques ne vous permettra pas d'exporter en France. Loin de moi la pensée de détruire en vous une espérance qui vous honore.

De 1857 à 1876, la moyenne annuelle des tissus de soie importés en France fut de 31,050,692 francs. Les pays qui ont contribué à former cette somme sont l'Angleterre, les Indes anglaises, la Chine, l'Allemagne, la Suisse, l'Italie et la Belgique.

D'après le tarif général français, les tissus de soie originaires des pays hors d'Europe sont exempts s'ils vont directement en France. Ils payent, en passant par un entrepôt d'Europe, 0,25 par kilogramme net.

Les auteurs du tarif général ont eu surtout en vue les soieries de l'Inde et de la Chine. Ici, vous n'auriez aucun avantage à accepter le tarif conventionnel appliqué aux nations d'Europe, puisque ce tarif taxe les rubans de soie de 4 à 5 francs par kilogramme net, la passementerie et les dentelles de soie, avec ou sans argent, de 3 fr. 50 à 12 francs le kilogramme net.

Mais le tarif conventionnel, toujours modifiable, vous offrirait un avantage réel pour les tissus de bourre de soie que le tarif général prohibe ou n'admet en France que soumis à des droits par 100 kilogrammes nets, de 240 fr. 80 à 1,203 francs.

En 1826, les Anglais, sans négliger les lointains débouchés, songèrent surtout à s'assurer leur marché intérieur. Ils fabriquaient de belles étoffes de soie. Ils pensèrent que les droits presque prohibitifs imposés aux soieries étrangères prouvaient aux dames de la Grande-Bretagne que le produit national ne pouvait soutenir la concurrence du dehors. Afin de montrer qu'ils avaient confiance en eux, les fabricants demandèrent que le droit sur la soie fût réduit, de 75, à 30 pour 100 de la valeur. L'innovation donna un nouvel élan à la production du pays. Et plus tard, en 1852, des manufacturiers de Manchester se plaignirent d'être encore trop protégés par une protection qui n'existait vraiment plus. On les vit prier leur gouvernement d'abolir les taxes sur les tissus de soie reçus de l'étranger, et non partiellement et par degrés, mais totalement et *illico*.

Les Anglais de 1826 et de 1852 eurent plus de succès chez eux. Vis-à-vis de la France, la moyenne annuelle de l'exportation d'Angleterre en France (tissus, passementerie et rubans de soie), de 828,776 francs, pour la période décennale de 1847 à 1856, s'est élevée à 2,119,164 francs (1857-66) et à 8,506,140 francs (1867-76).

Quant à l'importation en Angleterre, Husskinson constatait, devant la Chambre des communes, qu'on n'avait introduit ni plus de foulards, ni plus de robes qu'autrefois, alors que le droit d'entrée était de 75 pour 100. Les besoins des consommateurs étaient les mêmes.

Seulement, les consommateurs d'avant 1826 s'approvisionnaient avec le concours des fraudeurs. Plus tard, sous le bénéfice du droit de 30 pour 100, ils n'ambitionnaient plus que l'aide de la loi.

Aux Etats-Unis, la vigilance de la douane n'est presque jamais en défaut. Nous admettons que la fraude est rare. Si les 50 et les 60 pour 100 sont réduits dans une sage mesure, l'importation des soieries françaises augmentera chez vous, et le Trésor de Washington encaissera plus de millions de dollars qu'aujourd'hui.

M. John Sherman, secrétaire des finances, en sera fort aise; mais quelle conséquence, selon vous, un dégrèvement raisonnable accordé aux tissus de France exercera-t-il sur votre industrie? Je vous interroge avec toute la déférence que m'inspirent les membres distingués de la « Silk-Asso-ciation ». Vous me répondrez avec le seul désir d'éclairer, de persuader et de convaincre les gouvernements de France et des États-Unis.

L'association de la soie publie un rapport annuel. Le discours de M. Chotteau a été reproduit *in extenso* dans le rapport récemment paru à New-York.

M. Edmond Breuil, Consul général de France, et son habile Chancelier, M. Léon Dejardin, ont toujours assuré au délégué français le concours de leur intelligence et de leur expérience consommée.

IX

CHICAGO

Board of Trade. — *Réunion du 27 mai 1879.*

PRÉSIDENT : ASA DOW

Je suis assez de l'avis de M. John Bright, lorsque cet illustre Anglais affirme que rien ne nous rend amis comme le commerce, et que rien ne nous rend commerçants comme l'amitié.

La France et les États-Unis ne peuvent manquer de développer leurs forces productives, puisque, depuis plus d'un siècle, une amitié franche et loyale unit les deux peuples.

Rappelez-vous la situation d'aujourd'hui. Le tarif général français prohibe l'entrée en France de la plupart de vos articles manufacturés, et n'admet les produits de votre sol qu'en les frappant de droits plus ou moins élevés.

Voulez-vous subir toujours ce tarif anormal qui ne vous a permis d'exporter chez nous, dans l'année finissant au 30 juin 1878, que pour 54,289,918 dollars, ou 271,449,500 fr.?

Votre exportation en Grande-Bretagne fut de 228 millions 431,574 dollars, ou de 1,142,157,870 francs.

Un Américain de l'Ouest me disait dernièrement : Rien n'autorise ni ne justifie la différence entre 54 millions et 228 millions de dollars.

Vous avez à gagner avec la France 174 millions de dollars ou 870 millions de francs.

La France, après vous avoir accordé chez elle un supplément d'exportation se chiffrant par la somme citée plus haut, vous demandera quelque chose. Elle vous objectera : Si vous avez chez moi le succès que la Grande-Bretagne vous assure sur son territoire, accordez-moi du moins la situation de la Grande-Bretagne aux Etats-Unis.

Durant la dernière année fiscale, les Anglais ont importé chez vous pour 107,290,677 dollars, ou 536,453,385 francs.

La France ne vous a envoyé que pour 43,378,870 dollars, ou 216,894,350 francs de marchandises.

Si elle vous donne désormais, à l'exemple de l'Angleterre, pour 107 millions de dollars, ou 535 millions de francs de produits, elle augmente ses exportations avec vous de 64 millions de dollars, ou de 320 millions de francs.

Mais vous avez accru vos exportations avec elle de 174 millions de dollars, ou de 870 millions de francs.

Vous gardez donc sur la France une avance de 110 millions de dollars ou de 550 millions de francs, et vous n'avez pas lieu de vous plaindre.

Tel est le résultat que nous vous offrons.

Peut-être la question des voies et moyens a-t-elle déjà sollicité vos esprits. Rassurez-vous. Lorsque le moment de conclure un accord utile sera venu, M. William M. Evarts, votre éminent secrétaire d'Etat de Washington, saura résoudre le problème posé devant vous, sans sacrifier aucune industrie de votre grand pays.

En ce qui touche Chicago, je voudrais vous montrer comment vos intérêts locaux vous obligent à vous engager dans le mouvement où sont déjà intervenues la plupart des villes importantes de l'Union.

Le représentant de la France à Chicago, le consul Edmond Carrey, écrivait, en janvier dernier : « La position géographique de Chicago, le développement de l'agriculture dans les provinces qui l'entourent, et l'énergie infatigable de ses habitants, ont fait de cette ville le second centre de l'Union au point de vue commercial, et le premier marché de grains et de viandes salées du monde entier. »

La branche la plus importante de votre exportation est celle des grains et farines (*Bread and bread stuffs*).

L'année dernière, les Etats-Unis ont exporté pour

181,077,841 dollars ou 908,889,205 francs de céréales, dont :

Grande-Bretagne.................... 125.817.003 dollars.
                    ou.............. 629.085.465 francs.
Possessions anglaises de l'Améri-
que du Nord....................... 14.671.932 dollars.
                    ou.............. 73.359.680 francs.
France............................ 7.655.008 dollars.
                    ou.............. 38.275.040 francs.

En 1878, Chicago a exporté en
Europe :

Farine........................... 147.028 barils.
Blé.............................. 6.121.681 bushels.
Maïs............................. 4.149.552   —
Avoine........................... 183.874   —
Orge............................. 25.334   —
Farine d'avoine.................. 213.440 barils.
Farine de maïs................... 0.001   —
Grains à ensemencer.............. 2.052.851 livres.

M. Carrey constatait, en janvier dernier, que le transport entre Chicago et le Havre coûtait 57 cents par 100 livres pour les blés, les maïs et les seigles, et 64 cents pour les avoines. Cette indication lui permettait d'établir ainsi le prix des marchandises suivantes rendues au Havre :

Blé, par bushel, 1 dollar 17 cents, soit, par 1,000 kilogrammes 222 fr. 8 centimes.

Maïs, par bushel, 50 cents 02, soit, par 1,000 kilogrammes, 122 francs.

Seigles, par bushel, 75 cents 02, soit, par 1,000 kilogrammes, 154 fr. 68 centimes.

Avoine, par bushel, 43 cents 48, soit, par 1,000 kilogrammes, 155 francs.

Orge, par bushel, 1 dollar 25 cents, soit, par 1,000 kilogrammes, 207 francs.

Les céréales d'Amérique étant comprises, au tarif anglais,

sous le titre « Articles non dénommés fabriqués ou non fabriqués », sont exemptes.

En Belgique (exportation des États-Unis en 1878, 6 millions, 216,191 dollars ou 31,080,055 francs), même exemption.

Les Pays-Bas (exportation en 1878, 3,145,880 dollars, ou 15,729,400 francs) admettent également la franchise.

Le Portugal (exportation en 1878, 3,122,821 dollars, ou 15,614,105 francs) exige, par 100 kilogrammes: grains, de 1 fr. 25 c. à 3 fr. 75 c.; farines, de 1 fr. 25 c. à 7 fr. 50 c.

Exemption en Allemagne. (Exportation en 1878, 1,763,330 dollars ou 8,816,650 francs.) Toutefois, le gouvernement de Berlin menace d'établir un droit de un franc par quintal sur le seigle, et de deux francs par quintal sur l'orge, l'avoine et le blé.

En Italie (exportation en 1878, 873,135 dollars ou 4 millions 365,675 francs), le droit est ainsi fixé :

Blé et froment, par tonneau:	14 fr. 00 c.	
Menus grains,	—	11 fr. 50 c.
Avoine,	—	11 fr. 50 c.

En Suède et Norvège (exportation en 1878, 264,821 dollars, ou 1,324,105 francs), franchise de droits.

L'Espagne (exportation en 1878, 148,591 dollars ou 742,955 francs) réclame, par 100 kilogrammes, 4 fr. 32 c., pour le froment, et 3 fr. 20 c. pour les autres céréales.

Vous n'avez rien exporté en Grèce, où l'on a établi les droits suivants, par 100 kilogrammes :

Céréales et farines, blé ou blé avec seigle (méteil)................	1 fr. 56 c.
Blé de Turquie, avoine, orge, blé, sarrasin et blé avec orge........	1 fr. 17 c.
Farines de blé avec ou sans son..	3 fr. 91 c.
Farines de toutes les autres céréales	2 fr. 34 c.

La Roumanie, qui n'a rien reçu de vous, par 100 kilogrammes, exige 1 fr. 80 c. pour le blé, 1 fr. 20 c. pour le seigle, 1 fr. 20 c. pour le maïs, 1 franc pour l'épeautre, l'orge, l'avoine, le millet, le sarrasin, 8 francs pour la farine de blé, 4 francs pour la farine de seigle ou de maïs, 3 francs pour la farine d'orge, de millet et de sarrasin, et 50 centimes pour le son de toute espèce de céréales.

En France, les droits fixés par le tarif général sont maintenus par le tarif conventionnel; et ces droits sont les suivants :

Grains venant directement d'un pays hors d'Europe, par 100 kilogrammes, 0 fr. 60 c.; venant des entrepôts d'Europe, par 100 kilogrammes, 4 fr. 20 centimes.

Vous pouvez cependant demander, par une convention avec la France, qu'aucune surtaxe ne soit imposée aux entrepôts d'Europe. On fera droit à votre réclamation, et vous payerez, dans certains cas, 60 centimes au lieu de 4 fr. 20 c.

Même observation pour les farines. Le droit, selon que les farines viennent directement ou d'un pays hors d'Europe, est, par 100 kilogrammes, de 1 fr. 20 c. ou de 4 fr. 20 c. Il sera toujours de 1 fr. 20, si un accord intervient entre la France et les Etats-Unis.

Malgré les tendances actuelles de certains gouvernements d'Europe, bien que l'Angleterre soit assez disposée à suivre l'exemple de l'Allemagne et à taxer les grains d'Amérique, je puis vous affirmer que la France ne songe pas le moins du monde à décourager votre exportation. Depuis quelques mois, les allées et venues de certains personnages ayant selles, brides et montures, vous ont inspiré des craintes. Bannissez les folles terreurs. Le Parlement français entend servir les intérêts du peuple de France et condamne le système des patriotes qui entendent taxer le blé et affranchir les flageolets destinés à charmer les loisirs des ouvriers pâlis et affaiblis par la faim. Une garantie d'avenir, toutefois, vous fait défaut. Cette garantie résultera d'un traité de réciprocité.

Les viandes salées figurent avec avantage dans le tableau des exportations de Chicago.

L'année dernière, vous avez expédié en Europe 549,225 boîtes de jambon et de porc fumé, 200,702 boîtes de lard, 67,010 barils de porc et de bœuf salé qui, ajoutés au beurre, aux viandes conservées, aux alcools, etc., forment un total de 602,018 tonnes.

Le consul de France à Chicago estimait, en janvier 1879, qu'un baril de lard salé, pesant environ 300 livres (brut), et contenant 190 livres de viande (net), coûtait, rendu au Havre, 7 doll. 92 ou 39 fr. 60 c.

Toutes vos viandes salées sont comprises sous le titre général de « provisions. »

Voyons à quel régime on les soumet dans les principales nations d'Europe.

En Angleterre (exportation des États-Unis en 1878, 80 millions 163,620 dollars ou 400,818,100 francs), franchise de droits.

L'Allemagne (exportation en 1878, 10,648,562 dollars ou 53,242,810 francs) impose un droit de 3 fr. 75 cent. par 100 kilogrammes,

En France (exportation en 1878, 8,622,625 dollars ou 43 millions 113,125 francs), le tarif conventionnel, que nous vous offrons, ne vous réclamerait que 60 centimes par 100 kilogrammes bruts et 4 francs par 100 kilogrammes nets. Notre tarif général, au contraire, vous oblige aujourd'hui à payer 60 centimes et 4 0/0 par 100 kilogrammes bruts, plus 4 0/0 par 100 kilogrammes nets lorsque vos viandes vont directement en France.

Si elles passent par un entrepôt d'Europe, le droit est de 3 fr. 60 cent. et 4 pour 100 par 100 kilogrammes bruts, plus 4 fr. par 100 kilogrammes nets.

La Belgique (exportation en 1878, 6,596,233 dollars ou 32,081,165 francs) n'impose aucun droit.

Dans les Pays-Bas (exportation en 1878, 1,129,346 dollars ou 5,646,730 francs) la taxe par 100 kilogrammes est de 2 fr. 12 cent. pour les viandes de mouton et de porc salées, et de 2 fr. 65 cent. pour la viande fumée ou séchée. Toute autre viande, non spécialement tarifée, doit payer, par 100 kilogrammes, fraîche ou salée, 12 fr. 72 cent.; fumée ou séchée, 16 fr. 95 centimes.

En Suède et en Norvège (exportation en 1878, 660,312 dollars ou 3,301,560 francs), exemption.

En Italie, où l'exportation des États-Unis fut moins importante, le droit est de 25 francs par 100 kilogrammes.

L'Espagne n'a presque rien reçu de vous. Elle vous demande, par 100 kilogrammes, 2 fr. 80 centimes.

Le commerce des viandes fraîches de boucherie prend de l'extension aux États-Unis. D'après le tarif général français, le droit est de 60 centimes par 100 kilogrammes bruts lorsque les viandes sont importées directement en France d'un pays hors d'Europe. Si elles sont importées des entrepôts d'Europe, le droit est de 3 fr. 60, toujours par 100 kilogrammes bruts. Le tarif conventionnel proclame l'exemption absolue.

L'avantage que retireraient les États-Unis d'une convention avec la France serait appréciable, puisque de véritables cargaisons de bœuf et de mouton frais quittent journellement New-York en destination de ports français.

Un commerce dont l'avenir ne doit peut-être pas moins intéresser Chicago, est le commerce des animaux vivants. Le tarif général français porte que les animaux venus directement en France, ou par un entrepôt, doivent payer : pour un bœuf, 3 fr. 60; pour une vache, 1 fr. 20; pour un mouton, 30 cent. Le tarif conventionnel maintient les droits du tarif général. Ces droits pourront être diminués, si le gouvernement de Washington prouve qu'ils nuisent à votre exportation, et restent une entrave inutile pour la nation française.

Je vous ai dit tout à l'heure que vos grains ne seraient frappés en France d'aucune taxe prohibitive, parce que les législateurs de mon pays ont trop de patriotisme pour décréter la famine. La même considération porte les membres du Parlement français à repousser la prière de certains producteurs qui songent à faire refuser vos envois de viande salée, fraîche ou sur pied. Votre lard, votre bœuf et votre mouton apportent à nos ouvriers une nourriture saine et à bon marché. Notre intérêt bien compris nous oblige à favoriser vos efforts dans cette voie, et nous n'y parviendrons que par un traité de réciprocité.

Je suis venu vous affirmer notre désir ardent d'améliorer une situation générale pleine de dangers. Votre concours rendra l'accord plus facile et plus sûr.

Dans mes courses à travers votre grand pays, je me suis proposé de recueillir des avis sages et prudents.

Je vous consulte aujourd'hui, et demain je consulterai les représentants du commerce de San-Francisco. Ici, comme là-bas, j'espère dissiper des appréhensions.

Depuis 1860, le monde producteur est entré dans l'ère des traités de commerce. Des personnes pensent encore que les différents pays devraient refuser de conclure de semblables pactes. C'est que des guerres peuvent obliger les peuples contractants à relever les tarifs, et à faire payer les frais des hostilités par les douanes. A ce point de vue, nous souhaitons que toutes les nations soient bientôt liées par des traités. Alors, en effet, les guerres ne seront plus possibles.

A Chicago, M. Léon Chotteau a reçu la lettre suivante :

Board of Trade, bureau du secrétaire.

Chicago, 28 mai 1879.

Cher monsieur,

J'ai l'honneur de vous adresser ci-jointe une copie des résolutions adoptées par le bureau des directeurs de ce *Board* à leur meeting d'hier, sur la question posée par vous. Vous avez résolu cette question d'une manière intelligente et pratique. — Au nom du *Board*, j'ai le plaisir de vous remercier sincèrement.

Je suis, etc.

CHARLES RANDOLPH,
Secrétaire.

M. Chotteau a répondu :

Chicago, 29 mai 1879.

Cher monsieur,

Je suis très-touché des remerciements que vous m'adressez au nom du *Board of Trade.*

Les Américains qui ne voient en moi qu'un Français se trompent. Je suis, au fond, citoyen des Etats-Unis et citoyen de France; et lorsque je m'efforce de concilier, d'harmoniser les intérêts des deux pays, je prouve que j'ai autant d'affection pour la République américaine que pour la République française.

Veuillez transmettre l'expression de ma gratitude aux membres du *Board of Trade*, et me croire

Votre tout dévoué,

LÉON CHOTTEAU.

X

SAN-FRANCISCO.

Chambre de commerce. — Réunion du 13 juin 1879.

PRÉSIDENT : GEORGE C. TERKINS

Si nous admettons que la facilité des échanges tend à augmenter le bien-être général et en même temps la cordialité des relations entre les peuples, nous devons désirer, et, pour ma part, j'espère du fond du cœur, qu'une convention internationale permettra bientôt à la France et aux Etats-Unis de donner à leur commerce le développement que laissent pressentir l'intelligence et l'énergie de deux grandes nations. Mais ce contrat ne sera signé que le jour où les gouvernements mis en cause reconnaîtront la nécessité de modifier l'état de choses actuel.

Rappelez-vous ce qu'était la France d'avant 1789. Des douanes sévères, rigoureuses, faisaient, de nos trente-deux provinces, autant de royaumes dans le royaume. La jalousie et la haine offraient le spectacle de l'abondance à côté de la disette. Des centres richement pourvus voyaient la misère s'abattre à leurs portes, et ne tentaient rien pour alléger le poids des maux de la misère publique. On pensait alors que les produits nationaux ne devaient pas se déplacer, et le Nord se protégeait contre le Sud, l'Est contre l'Ouest.

Un jour, enfin, on reconnut que toutes ces barrières locales présentaient un grand danger, et la France se contenta d'une douane à ses frontières naturelles.

Les Etats-Unis, sous ce rapport, n'ont jamais hésité. Toujours, depuis votre guerre de l'Indépendance, c'est-à-dire depuis que vous formez une nation, il fut aussi facile d'expédier un sac de blé du Massachusetts dans le Connecticut, qu'il est aujourd'hui aisé, en France, de faire passer un boisseau de pommes de Normandie en Bretagne.

La question de savoir si les peuples iront plus loin dans cette voie, et si, après avoir supprimé les douanes intérieures, ils aboliront les douanes extérieures, ne doit pas

ARTICLES	TARIF GÉNÉRAL PRODUITS D'ORIGINE EXTRA-EUROPÉENNE		TARIF CONVENTIONNEL
	Importés directement d'un pays hors d'Europe	Importés des Entrepôts d'Europe	
1.—Coton en laine..............	exempt..................	3 fr. par 100 kil. bruts........	exempt.
2.—Tabac en feuilles ou en côtes :			
Pour la Régie.............	exempt	6 fr. par 100 kil....	voir tarif général.
Pour compte particulier.....			prohibé.
3.—Céréales (grains et farines) :			
Froment, } Graines.......	0,60 par 150 kilos bruts........	3 fr. 60 par 100 kil. bruts.......	voir tarif général.
Épeautre, }			
Méteil, } Farines.......	1 fr. 20 par 100 kil. bruts.....	4 fr. 20 par 100 kil. bruts.......	idem.
Seigle, }			
Maïs, } Grains			
Orge, }			
Sarrasin, } Farines........	exempts..................	3 fr. par 100 kil. bruts........	idem.
Avoine, }			
4.—Graisses de toute sorte : graisses animales autres que de poisson...................	exemptes..............	3 fr. par 100 kil. bruts........	exemptes.
5.—Huiles de pétrole et de schiste bruts...............			
Pour chaque kil. net d'huile lampante à 800° contenu dans l'huile brute........	0,30..................	droits ci-contre, plus 5 fr. par 100 kil. nets, d'huile brute.	5 p. 100 ad valorem, plus 0,22 de taxe intérieure.
Pour chaque kil. net d'ess. à 700° contenu dans l'huile brute....	0,40..................	idem, idem, idem.	5 p. 100 ad valorem, plus 0,32 de taxe intérieure.
6.—Huiles de pétrole et de schiste rectifiées et épurées :			
Huile lampante à 800° ou plus au densimètre............	37 fr. par 100 kil. nets........	42 fr. par 100 kil. nets.	5 p. 100 ad valorem, plus 34 f. 50 par 100 kil. nets de taxe intérieure.
A moins de 800°............	37 fr., plus 0,10 c. par chaque degré au-dessous du 800°.	42 fr., plus 10 cent. par chaque degré au-dessous de 800°.	5 p. 100 ad valorem, plus 34 fr. 50 par 100 kil. nets de la taxe intérieure, 10 cent. pour chaque degré au-dessous de 800.
Essence à 700° ou moins au densimètre.....	47 fr. par 100 kil. nets.......	52 fr. par 100 kil. nets.	5 p. 100 ad valorem, plus 44f. 50 par 100 kil. nets de taxe intérieure.
7.—Viandes :			
Fraîches { de boucherie, gibier mort et volailles mortes....	0,60 c. par 100 kil. bruts......	3 fr. 60 par 100 kil. bruts.......	exemptes.
{ tortues mortes....	exemptes..............	3 fr. par 100 kil. bruts........	exemptes ; voir tarif général pour tortues mortes.
Salées { de porc lard compris et autres...........	0,60 c. (et 4 p. 100 en sus) par 100 k. bruts, plus 4 fr. (non passibles des 4 p. 100) par 100 kil. nets.	3 fr. 60 (et 4 p. 100 en sus) par 100 kil. bruts, plus 4 fr. par 100 kil. nets.	0,60 c. par 100 kil. bruts, plus 4 fr. par 100 kil. nets.
Animaux vivants (par tête) :			
Bœufs..................	3 fr. 60, plus 4 p. 100.	3 fr. 60, plus 4 p. 100.	voir tarif général.
Vaches..................	1 fr. 20, idem.	1 fr. 20, idem.	idem.
Taureaux................	3 fr. 60, idem.	3 fr. 60, idem.	idem.
Bouvillons et taurillons....	1 fr. 20, idem.	1 fr. 20, idem.	idem.
Génisses................	1 fr. 20, idem.	1 fr. 20, idem.	idem.
Veaux..................	0,30, idem.	0,30, idem.	idem.
Béliers, brebis et moutons..	0,30, idem.	0,30, idem.	idem.
Agneaux................	0,12, idem.	0,12, idem.	idem.
Boucs et chèvres..........	exempts.	exempts.	idem.
Chevreaux..............	exempts.	exempts.	idem.
Porcs..................	0,30, plus 4 p. 100.	0,30, plus 4 p. 100.	idem.
Cochons de lait..........	0,12, idem.	0,12, idem.	idem.
8.—Peaux brutes et pelleteries..	exempts.	3 fr. par 100 kil. bruts.	exemptes.
9.—Cuivre de première fusion..	exempt.	3 fr. par 100 kil. bruts.	idem.
10.—Écorces de chêne........	0,12 par 1,000.	0,12 par 1,000, plus 3 fr. par 100 kil. bruts.	idem.
11.—Machines et mécaniques :			
À vapeur { fixes..........	30 fr. par 100 kil. nets......	33 fr. par 100 kil. nets.........	6 fr. par 100 kil. nets.
{ pour la navigation.	42 fr. par 100 kil. nets.	45 id. id.	12 fr. id. id.
{ Locomotives sans tenders.	28 fr. par 100 kil. nets	31 id. id.	10 fr. id. id.
autres qu'à vapeur........	de 18 fr. à 78 fr. par 100 kil. nets.	de 21 fr. à 81 fr. par 100 kil. nets.	de 6 fr. à 25 fr. par 100 kil. nets.
12.—Café :			
En fèves................	150 fr. par 100 kil. nets.......	170 fr. par 100 kil. nets.......	10t fr. par 100 kil. nets.
Torréfié ou moulu.......	200 fr. par 100 kil. nets......	201 fr. id. id.	voir tarif général.
13.—Graisses de poisson.......	6 fr. par 100 kil. bruts........	9 fr. par 100 kil. bruts.	6 fr. par 100 kil. bruts.
14.—Fanons de baleine bruts....	exempts.	3 fr. par 100 kil. bruts.	exempts.
15.—Bois à construire.........	exempts.	3 fr. par 100 kil. bruts.	exempts.
16.—Potasse..............	exempte.	3 fr. par 100 kil. bruts.	exempte.
17.—Vins, bières, eaux-de-vie, esprit et liqueurs :			
Vins ordinaires..........	5 fr. par hect..........	5 fr. par h. plus 3 fr. par 100 kil. bruts.	0,30 par hect.
Vins fins..............	20 fr. par hect.......	20 fr. par hect, plus 3 fr. par 100 kil. bruts.	0,30 par hect.
Bières................	7 fr. 20 par hect	7 fr. 20 par hect, plus 3 fr. par 100 kil. bruts.	5 fr. par hect.
Eaux-de-vie { en bouteilles.	38 fr. par hect.	38 fr. par hect, plus 3 fr. par 100 kil. bruts.	15 fr. par hect.
{ autrement qu'en bouteilles	idem.............	38 fr. par hect, plus 3 fr. par 100 kil. bruts.	idem.
Alcools................	idem.	38 fr. par hect, plus 3 fr. par 100 kil. bruts.	idem.
Liqueurs..............	35 fr. l'hect.	35 fr. l'hect, plus 3 fr. par 100 kil. bruts.	15 fr. l'hect.
18.—Cendres et regrets d'orfèvre.	exempts.	3 fr. par 100 kil.	voir tarif général.
19.—Œufs de vers à soie......	exempts.	3 fr. par 100 kil.	exempts.
20.—Poils de porc et de sanglier..	exempts.	3 fr. par 100 kil.	exempts.
21.—Rogues de morue et du maquereau........	0,60 par 100 kil.	3 fr. 60 par 100 kil.	voir tarif général.
22.—Quercitron............	exempt.	3 fr. par 100 kil.	idem.
23.—Bois exotiques, bois d'ébénisterie :			
Buis..................	1 fr. par 100 kil. bruts.	3 fr. par 100 kil. bruts.	idem.
Autres................	exempts.	3 fr. 60 par 100 kil. bruts.	idem.
Bois odorants..........	exempts.	3 fr. 60 par 100 kil. bruts.	idem.
Bois de teinture en bûches.	exempts.	3 fr. par 100 kil. bruts.	exempts.
Bois de teinture moulu....	exempts.	3 fr. par 100 kil. bruts.	exempts.
24.—Graines à ensemencer......	exemptes.	3 fr. par 100 kil. bruts.	exemptes.
25.—Bâtiments de mer en bois..	40 fr. par tonneau de jauge.	40 fr. par tonneau de jauge.	2 fr. par tonneau de jauge.
26.—Caoutchouc et gutta-percha bruts.................	exempts.	3 fr. 60 les 100 kil. bruts.	voir tarif général.
27.—Cire non ouvrée.........	1 fr. par 100 kil. bruts.	1 fr. les 100 kil. bruts.	idem.
28.—Résines indigènes........	exemptes.	exemptes.	exemptes.

nous préoccuper ici. Laissons à nos fils, laissons à nos
petits-fils le soin d'accomplir les réformes exigées par les
besoins des temps futurs, et n'envisageons que les nécessités
des temps présents.

A ceux qui ont prétendu que les Etats-Unis s'étaient
trompés en se livrant à l'industrie, les Etats-Unis ont répondu par l'admirable mouvement industriel parti des rives de
l'Atlantique et venu bientôt jusqu'à la côte du Pacifique.
Cela est beau; cela est grand, et j'applaudis sans réserve à
vos courageux efforts.

Aujourd'hui, cependant, votre immense pays ne suffit plus
à votre énergie. Vous voulez exporter. Je trouve votre désir
si naturel et si légitime que je viens rechercher avec vous la
possibilité de briser les entraves qui vous écartent encore,
au moment où je parle, du marché français.

Lorsque votre bureau de statistique de Washington vous
révèle que les Etats-Unis, en 1878, ont exporté pour
228,431,574 dollars de marchandises en Grande-Bretagne, et
seulement pour 54,289,018 dollars en France, la différence
entre 228 et 54 n'excite-t-elle pas dans vos esprits une pensée douloureuse? Pourquoi les produits américains pren-
nent-ils de préférence la direction de l'Angleterre? Tâchons
de le deviner.

Vingt-huit principaux articles américains vont en France.
Quelle situation leur est faite par le tarif général et par le
tarif conventionnel français?

(Voir le tableau ci-joint.)

Vous remarquez que deux articles seulement sont affranchis dans tous les cas par le tarif général français; les bois de
teinture moulus et les résines indigènes. Les vingt-six autres
sont soumis à des droits plus ou moins élevés.

Sur ces vingt-huit articles, l'Angleterre n'en taxe que trois :
le tabac en feuilles ou en côtes, le café et les eaux-de-vie, esprits et liqueurs.

Afin d'assurer votre succès en France, nous vous offrons
le tarif conventionnel dont vous venez d'apprécier les adoucissements.

Ce tarif, vous le voyez, reflète parfois le tarif général. Libre
à vous alors de réclamer des réductions. Parfois même, chose
bizarre et que l'on n'explique que par l'influence de circons-

tances particulières, le tarif conventionnel est plus rigide
que le tarif général. Ainsi pour le café. En ce cas, également,
la modification en votre faveur du tarif conventionnel s'impose.

Dans le tableau des exportations des Etats-Unis, pour l'année finissant au 30 juin 1878, je constate :

COTON MANUFACTURÉ :

Grande-Bretagne.............. 1.572.934 dollars.
France..................... Rien.

CUIR MANUFACTURÉ :

Grande-Bretagne.............. 4.730.002 dollars.
France..................... Rien.

Pourquoi ? Parce que le coton et le cuir manufacturés sont
prohibés en France par le tarif général français. Ce tarif édicte
encore d'autres prohibitions qu'un traité franco-américain
ferait disparaître.

Un pareil traité, cependant, ne viendra-t-il pas compromettre les intérêts de la Californie ?

En 1878, les exportations de San-Francisco furent
de..................... 35.392.804 dollars.
Les importations de......... 32.502.313
                              _____
Balance en votre faveur....   3.890.491

Ce résultat vous rassure. Ne pouvez-vous obtenir davantage ?

Pour toute l'année 1878, vous avez exporté :

En Grande-Bretagne......... 16.076.088 dollars.
  — France.................   1.342.272   —
Vous devez donc gagner avec _____
la France................   14.734.303   —

Vous y parviendrez, en favorisant la conclusion d'un acte
qui augmente les exportations des Etats-Unis en France.

Les grains (blé et farine) figurent, dans vos exportations de 1878, pour :

Blé.......................... 14.457.556 dollars
Farine....................... 2.646.349 —
    En tout................. 17.103.905 —
Vos grains expédiés en Grande-Bretagne représentent........................ 7.285.602 quintaux
En France.................... 702.806 —

Vos autres exportations en France consistent en miel, bois de construction et perles.

Si un traité franco-américain vous permet d'exporter en France pour 16 millions de dollars au lieu de 1 million, vos marchands de grains, de miel, de bois de construction et de perles n'auront pas lieu de se plaindre, puisqu'ils feront beaucoup plus d'affaires avec leurs correspondants français. Quant à vos marchands de cire, de borax, d'os pulvérisés, de coton, de café, de fruits, de houblon, de cuir, d'huile, de minerai de cuivre et d'argent, de saumon, de peaux, de sirops, de coquilles, de suif et de laine, ils n'auront garde de protester, puisque, vendant déjà aujourd'hui à l'Angleterre, ils vendront également alors à la France.

Vous apercevez qu'un traité accordant en France aux États-Unis les avantages garantis à l'Angleterre par le traité franco-anglais de 1860, aura pour conséquence certaines concessions faites à la France. Quelles seront ces concessions! Je l'ignore. Jusqu'ici les centres commerciaux visités par moi ont laissé au gouvernement et au Congrès de Washington tout le soin d'établir une juste et équitable réciprocité. Ici, à San-Francisco, vous pouvez, si vous le voulez, aller plus loin et dire sur quels produits français vous acceptez d'avance des réductions de droits, et sur quels autres articles de France vous réclamez le maintien des droits actuels.

L'année dernière, le commerce de la France et des États-Unis a fourni les chiffres suivants :

Exportation des États-Unis en France.................... 54.289.018 dollars
Exportation de France aux États-Unis................... 43.378.870 —
Différence en faveur des États-Unis................... 10.011.018 —

Les importations de France se décomposent ainsi :

Soie et tissus de soie..........	11.612.712 dollars
Laine et tissus de laine........	7.091.713 —
Cuir et cuir manufacturé.......	3.770.800 —
Vins, esprits et liqueurs.......	3.255.503 —
Produits chimiques...........	2.230.390 —
Coton manufacturé...........	1.881.647 —
Articles de Paris.............	1.570.518 —
Pierres précieuses............	1.381.886 —
Boutons....................	1.131.302 —
Toile manufacturée...........	850.046 —
Fourrures et peaux...........	731.150 —
Poisson....................	589.618 —
Fruits.....................	558.974 —
Poterie....................	531.383 —
Lin manufacturé.............	451.079 —
Autres articles..............	5.723.014 —
Total égal..........	43.378.870 —

La Californie a reçu de France des sardines, des conserves, de la moutarde, du savon, des bouchons, des huiles d'amande, d'olive, de la crème de tartre, du cognac et des vins

Peut-être les vins fixeront-ils exclusivement votre attention. Vous apprécierez si les droits imposés aujourd'hui par le tarif américain ne pourraient être diminués sans nuire à l'industrie vinicole de la Californie.

Ces droits sont les suivants :

Vins non mousseux : en fûts, par hectolitre.. 51 fr. 71
En bouteilles, par caisse de 12 bouteilles ou de
    24 demi-bouteilles...................... 8 fr. 20
Vins mousseux par caisses de 12 bouteilles... 31 fr. 00

Les vins français payent en Angleterre de 27 fr. 51 c. à 68 fr. 76 c. par hectolitre; en Allemagne et en Autriche 20 fr. par 100 kilog.; en Belgique de 0 fr. 50 c. à 1 fr. 50 c. par hectolitre; en Grèce de 28 fr. 12 c. à 70 fr. 31 c. par 100 kilog.; en Italie 0 fr. 15 c. par bouteille ou 5 fr. 77 c. par hectolitre; en Norvège 0 fr. 23 c. par kilog. ou 0 fr. 29 c. par litre; dans les Pays-Bas un simple droit d'accise: en Portugal 3 fr. 12c. par

décalitre; en Russie 56 fr. 16 c. par 100 kilog., ou par bouteille de 1 fr. 32 c. à 4 fr.; en Suisse de 3 à 7 fr. par 100 kilog.;
et en Turquie, 8 pour 100 *ad valorem*.

Ils n'ont plus aux Etats-Unis le succès d'autrefois. M. Ant.
Forest, consul de France à San-Francisco, écrit à ce sujet :
« Deux causes ont contribué à réduire l'importation de nos
vins et eaux-de-vie au chiffre d'aujourd'hui, qui est à peine
le tiers de celui d'il y a dix ans, je veux dire l'élévation des
droits, qui équivaut à une quasi-prohibition, et la production
vinicole de la Californie; l'influence de la seconde cause est
permanente et se fera sentir davantage d'année en année,
même si la première venait à cesser. En effet, les vins étrangers en fûts sont grevés d'un droit de 40 centimes, soit 2 fr.
par gallon ou 71 centimes par litre; ceux en caisse, de 1 dollar
60 cents ou 8 fr. par 12 bouteilles, soit 66 centimes par
bouteille.

« A ce même prix de 2 francs par gallon, le consommateur
peut se procurer, même en détail, des vins californiens dont la
qualité, il faut le reconnaître, est préférable à celle de nos
vins de cargaison. Il est donc évident qu'un abaissement de
droits, même de 50 pour 100, lequel n'est pas présumable, ne
suffirait pas pour nous permettre de soutenir la lutte pour
cette sorte de vins. Si une certaine quantité trouve encore
un écoulement sur ce marché, c'est que les marchands en
demi-gros et au détail allongent, pour employer l'expression usitée, avec des vins de Californie, le peu de vin français
qu'ils achètent, à tel point qu'il est consommé certainement
plus de 10 barriques de vin du pays contre une de nos crus.»

Peut-être faut-il regretter que l'usage du vin ne soit pas
plus répandu aux Etats-Unis. Il faudrait populariser l'usage
du vin dans le pays, faire, en un mot, pour le vin, ce que
l'on a fait pour la bière, vendre des verres de vin comme on
vend des verres de bière. L'industriel qui ouvrira, dans quelque
Etat de l'Est, une barre où l'ouvrier puisse prendre un bon
verre de vin ordinaire à peu près pour le prix que se paye
aujourd'hui un verre de bière, et cela n'est pas impossible,
donnera le signal d'un mouvement qui enrichira les viticul-
teurs de Californie, et contribuera singulièrement à faire disparaître l'ivrognerie de ce pays. Alors, la Californie ne pro-
duira pas assez pour la consommation des Etats-Unis.

En attendant ce progrès, qu'un homme de bon sens ne
tardera sans doute pas à réaliser, vous pouvez, en favorisant

la conclusion d'un acte de réciprocité avec la France, exporter en France vos excédants.

Nous recevons d'Espagne et d'Italie des vins qui, mêlés à certains de nos crus, acquièrent des qualités nouvelles. Pourquoi n'accepterions-nous pas les mérites spéciaux des vins californiens?

De 1867 à 1870, les États-Unis ont exporté en France pour une somme moyenne annuelle de 2,424 fr. d'eau-de-vie, esprits et liqueurs.

L'année dernière, l'exportation vinicole de San-Francisco a fourni :

En Allemagne......................	2.274 dollars.
Grande-Bretagne	711 —
France......................	7 barriques.

Si vous désirez continuer ces essais, vous ne manquerez pas de pousser votre pays à accepter le tarif conventionnel français. Aujourd'hui, en effet, notre tarif général, comme vous l'avez vu plus haut, taxe vos vins de 5 à 20 fr., et notre tarif conventionnel ne vous réclame que 30 centimes par hectolitre.

Voilà, messieurs, tout ce que j'avais à vous dire.

En ce qui touche les intérêts spéciaux de la Californie, comme dans ce qui concerne les intérêts généraux de l'Union américaine, vous saurez prendre une décision sage, intelligente et pratique.

Mon seul but en venant vers vous a été de vous consulter. Je n'aurai pas perdu mon temps, si mon voyage à San-Francisco me permet de mieux apprécier vos aspirations et vos besoins.

DINER D'ADIEU OFFERT A M. LÉON CHOTTEAU

On lit dans le *Courrier de San-Francisco* du 20 juin 1879 :

Hier soir, un dîner d'adieu, organisé par un certain nombre de commerçants français, a été offert à M. Léon Chotteau dans les salons de la Cosmopolitan Rôtisserie de Lacoste.

Le repas était admirablement servi, et la plus franche cordialité n'a cessé d'y présider. Au dessert, des toasts ont été portés.

Nous avons relevé les suivants:

Par M. Daniel Lévy : « A M. Léon Chotteau. »

M. Léon Chotteau a répondu par un toast porté aux Français de San-Francisco.

Il s'est exprimé ainsi :

J'allais partir, je partais, lorsqu'un ami, que j'ai le plaisir de rencontrer ici, me dit :

Vous ne pouvez vous en aller.

—Pourquoi? m'écriai-je. Est-ce que, par hasard, la Chambre de commerce de San-Francisco, me ménagerait un autre meeting?

— Oh! non, me fut-il répondu. Non. Voici : Les Français de San-Francisco désirent vous offrir un banquet.

Je pris aussitôt la résolution de rester un jour de plus sur la côte du Pacifique, persuadé que les heures passées au milieu de vous, ce soir, ne seraient pas perdues pour moi.

Vous êtes très Français, et rien ne pourrait m'excuser à vos yeux, si mes soins et mes démarches ne favorisaient que la conclusion d'un acte nuisible à la France. Mais vous êtes aussi très Américains et très Californiens, et vous ne me pardonneriez pas de sacrifier les intérêts des Etats-Unis et de la Californie.

Est-il possible, cependant, de servir la cause des deux peuples? Je l'ai toujours pensé.

Nous vivons à une époque où une nation ne peut s'isoler sur le terrain de la production sans se condamner d'avance à l'appauvrissement et à la ruine. Que désirons-nous aujourd'hui? Faire un peu plus d'affaires les uns avec les autres. Rappelez-vous cela, et vous connaîtrez l'esprit du mouvement franco-américain. Puis, vous avouerez que les adversaires de ce mouvement ressemblent assez aux malheureux qui crient famine et qui refusent un morceau de gigot.

Vous me demanderez s'il sera possible de modifier la situation d'aujourd'hui, de manière à être agréable à tout le monde, et à ne nuire à personne, et je comprends que votre sollicitude s'éveille. Rassurez-vous. Lorsque tous les intéressés auront révélé leurs désirs et leurs vœux, on arrivera à une conclusion utile et pratique.

L'acte signé fera disparaître les anomalies d'aujourd'hui. Je me rappelle que, dans une ville du nord des Etats-Unis, un industriel objectait :

— Je n'ai aucun besoin d'un traité avec la France; je

fabrique des tissus de coton, et j'envoie mes produits en France par l'Angleterre.

Fort bien, lui répondis-je. Mais cela est une fraude. Les tissus de coton restent prohibés par le tarif général français.

—S'il en est ainsi, ajouta l'Américain, j'accepte l'idée d'une convention.

Ce brave homme pensait être dans une situation correcte. Il se trompait; mais il était de bonne foi. Il s'est laissé éclairer.

J'espère que les personnes qui s'obstinent encore à se placer un bandeau devant les yeux ne tarderont pas à se rendre à l'évidence. Alors, avec le concours de toutes les volontés, on trouvera le moyen d'augmenter la prospérité de la France et des États-Unis.

Quant à moi, je m'estimerai heureux, par le traité de commerce franco-américain, d'avoir travaillé à l'affermissement de l'idée républicaine, ici et là-bas.

Je bois aux Français de San-Francisco.

Un toast a été ensuite porté par M. Emile Marque, directeur du *Courrier de San-Francisco* « au succès de la mission de M. Chotteau! »

Nous mentionnerons encore les toasts suivants:

Au président Hayes.
Au président Grévy.
A la République française! (en anglais), par M. Comte.
A la République suisse! par M. Bocqueras.
A la France! par M. M. Vignier.
A Gambetta! par M. Daniel Lévy.
Aux Gaulois! par M. de Cessac.
Au Commerce français! par M. Laclaverie.
A l'Alsace-Lorraine! par M. Mayer.
Aux Dames de San-Francisco! par M. Grosjean.

Quelques-uns de ces toasts ont été accompagnés par leurs auteurs de réflexions vraiment remarquables.

Il était onze heures quand on s'est séparé.

La plupart des convives ont accompagné M. Chotteau jusqu'au Palace Hôtel où il lui ont serré la main une dernière fois, en lui souhaitant une heureuse réussite pour le succès de l'œuvre qu'il poursuit avec tant d'énergie et de persévérance.

DÉPART DE NEW-YORK

On lisait dans le *Courrier des États-Unis* du 15 juillet 1870 :

Un dîner d'adieu a été donné hier soir au Saint-James Hôtel, par M. Léon Chotteau, qui part demain pour la France par le steamer de la Compagnie transatlantique *France*.

Parmi les invités, se trouvaient MM. Elliott C. Cowdin, Edmond Breuil, consul général de France à New-York ; de Montcabrier, consul de France à Baltimore ; A. d'Ouville, de la Compagnie générale transatlantique ; Joseph Aron, banquier ; A. Flamant ; G.-L. Feuardent ; le docteur Soulage, de Morgan ; Vors, et plusieurs autres personnes de distinction.

Des lettres d'excuses ont été écrites par MM. Cyrus W. Field ; Connery, du *New-York Herald* ; Geo. Jones, du *New-York Times* ; Jackson J. Schultz ; J.-W. Simonton, directeur de la Presse associée ; Whitelaw Reid, du *Tribune*, et beaucoup d'autres.

Parmi ces lettres se trouvait celle d'un citoyen de Philadelphie empêché par la naissance d'un fils auquel il avait donné pour prénoms Léon Chotteau. Des discours de circonstance ont été prononcés par MM. Elliott C. Cowdin, Edmond Breuil, de Montcabrier, A. d'Ouville, Joseph Aron, Flamant, Feuardent ; la soirée s'est terminée de la façon la plus agréable par des vœux en faveur de M. Chotteau, qui doit revenir aux États-Unis au mois de décembre prochain.

A bord de la *France*, le délégué du Comité de Paris, avec le concours de MM. Paul Forbes et Dreffus, de New-York ; de Mlle Posse, de la Havane, et de M. le commissaire du navire, a organisé un concert, suivi d'une tombola, au profit de la société de sauvetage des naufragés.

La tombola produisit la somme de 702 francs, que M. Chotteau, au nom du Comité d'organisation, remit à M. L. Trudelle, commandant de la *France*, dans une bourse aux couleurs nationales.

M. L. Trudelle a envoyé la somme à M. l'amiral La Roncière-Le-Noury, président de la société, qui a bien voulu, par une lettre flatteuse, remercier M. Chotteau de son heureuse initiative.

ARRIVÉE AU HAVRE

Le dimanche 27 juillet 1879, le steamer *la France* a ramené au Havre M. Léon Chotteau.

Une délégation du Comité était allée le recevoir.

Elle se composait de M. Albert Menier, fils de l'éminent président du Comité français ; de M. Hippolyte Cahuzac, rapporteur général ; de M. Ernest Brulatour, de Washington ; et du secrétaire du Comité, M. A. Desmoulins.

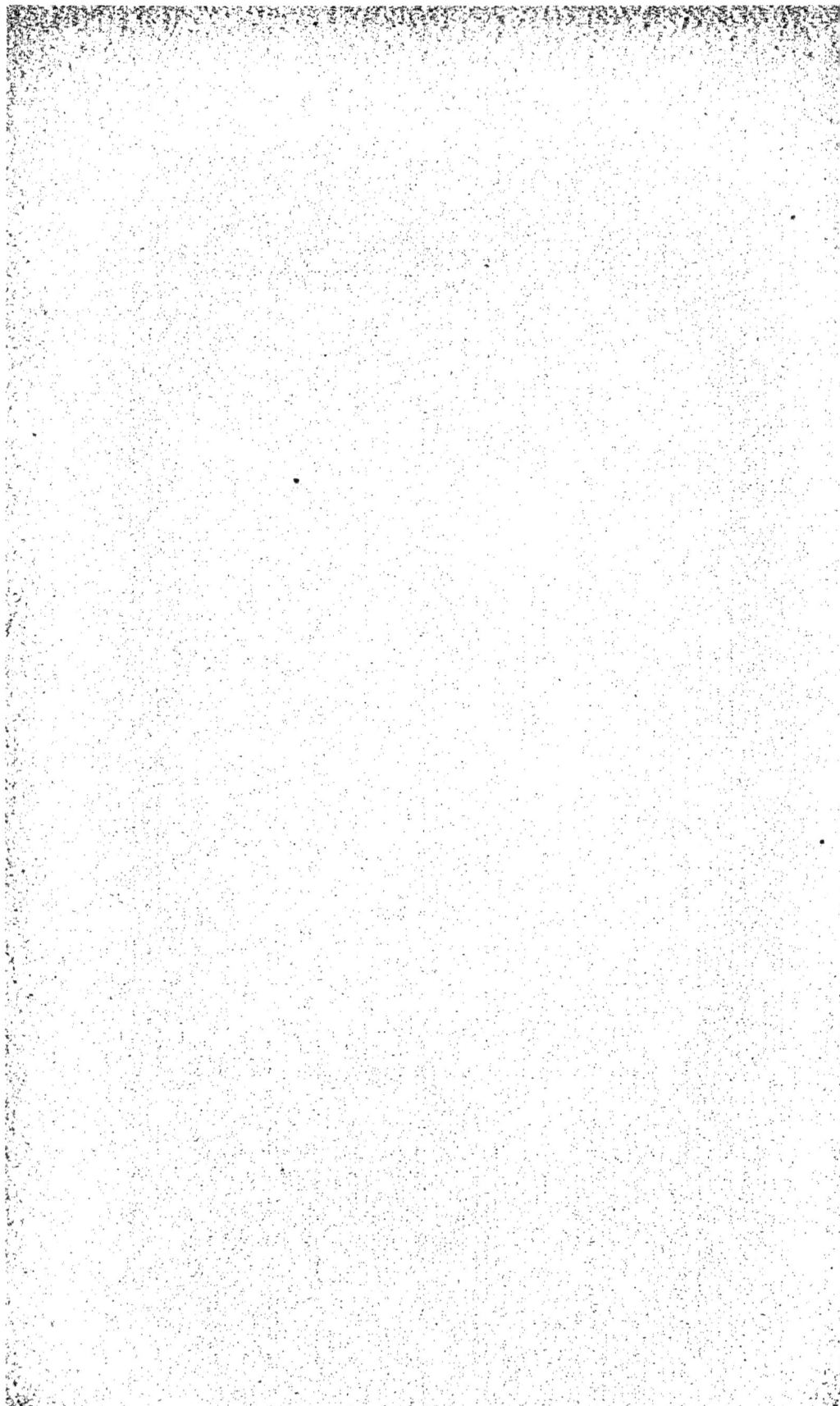

RÉSULTATS OBTENUS

PREMIERE CAMPAGNE

NEW-YORK

Free - Trade Club (16 *mars* 1878).

La résolution suivante, présentée par M. Nathan Appleton, a été votée à l'unanimité:

RÉSOLUTION

Les personnes assemblées ce soir dans le local du *Free-Trade
Club* de New-York, représentant différentes villes et Etats de
l'Union, ainsi que diverses industries et divers intérêts, désirent
offrir une cordiale bienvenue à M. Léon Chotteau, délégué français,
récemment arrivé dans notre pays;

Ils désirent lui exprimer la sympathie et le bon vouloir de
notre peuple pour celui de la République française;

Appréciant complétement l'importance de sa mission pour les
intérêts commerciaux des deux nations, ils lui donnent, au début
de son entreprise, l'assurance qu'ils coopéreront avec lui dans
l'espoir que de bons résultats pourront être obtenus;

Dans ce but, ils feront de leur mieux pour qu'un Comité
national soit formé aussitôt que possible aux Etats-Unis, afin
d'agir de concert avec celui dont M. Chotteau est le représentant.

II

BOSTON

Meeting public du 28 mars 1878

Après le discours de M. Léon Chotteau, MM. P. J. Boris, Fowler et quelques autres citoyens ont exprimé le désir de voir les États-Unis accepter l'invitation de la France, et des résolutions ont été votées à cet effet ; les voici :

RÉSOLUTIONS

Il est résolu que les citoyens présents à cette réunion, tenue dans les salles de la Chambre de commerce de Boston, offrent une cordiale bienvenue à M. Léon Chotteau, le délégué du Comité formé en France en vue d'un traité de commerce franco-américain, et qu'ils lui donnent l'assurance qu'ils apprécient pleinement l'importance de sa mission.

Afin de coopérer à l'exécution du plan du Comité français, ils recommanderaient qu'un Comité bostonien de cinq membres soit formé, dont deux seraient désignés par la présente réunion et les trois autres par la Chambre de commerce (le président de la chambre serait l'un de ces trois délégués) ; ces cinq membres devraient agir de concert avec des Comités semblables créés dans d'autres villes du pays, dans le but d'organiser un Comité national, lequel aura plein pouvoir, pour répondre à l'appel du Comité français, pour choisir les délégués autorisés à assister au Congrès franco-américain qui doit être tenu cet été à Paris, et enfin pour poursuivre les divers objets en rapport avec le mouvement international proposé.

Ils prient respectueusement le président de soumettre cette matière à l'attention de la Chambre de commerce le plus tôt possible, parce que le séjour de M. Chotteau à Boston doit naturellement être très-court.

Ils adressent leurs remerciements aux directeurs de la Chambre de commerce qui leur ont accordé le privilège de se réunir dans leur salle.

MEMBRES DU COMITÉ DE BOSTON

Les deux membres du Comité bostonien élus par le meeting sont : MM. Nathan Appleton et Joseph A. Jasigi.

Board of Trade.

L'assemblée a approuvé les résolutions du meeting, demandant la nomination de trois membres pris au sein du « board of trade » et a autorisé le comité exécutif à procéder à cette nomination.

TÉLÉGRAMME

Washington, 13 avril 1878.

Le Comité de Boston est organisé de cette manière : Nathan Appleton et Joseph Jasigi, nommés par le meeting public ; John W. Candler, président de la Chambre de commerce ; M.-P. Kennard, manufacturier ; W.-H. Lincoln, ancien maire de Boston, choisis par le Comité exécutif de la Chambre de commerce.

III

NEW-YORK

Chambre de Commerce (4 avril 1878).

La motion de M. Cholleau a été renvoyée au Comité exécutif. Un Comité local sera nommé à New-York. Ce groupe se mettra immédiatement en rapport avec le groupe de Boston.

CONSTITUTION DU COMITÉ

Le 2 mai eut lieu la réunion annuelle de la Chambre de commerce, sous la présidence de M. Louis Babcock.

La plupart des membres étaient présents.

Après l'adoption d'un rapport du comité exécutif concluant à l'admission de huit nouveaux membres, ce même Comité a présenté la résolution suivante :

Résolu, que MM. Elliot C. Cowdin et Jackson S. Schultz soient et sont, par les présentes, nommés délégués, avec pouvoir de choisir leurs collègues, pour représenter cette chambre au Congrès qui doit être tenu à Paris l'été prochain pour examiner et discuter un traité franco-américain.

IV

WASHINGTON

Meeting du 11 avril 1878.

LES AMÉRICAINS DOIVENT SECONDER LE COMITÉ FRANÇAIS DANS LE BUT D'ACCROITRE LE TRAFIC ENTRE LES DEUX PAYS

Après le discours de M. Léon Chotteau, M. Abraham J. Hewitt, représentant de New-York, rappelle la mission qu'il a remplie en 1867; il dit :

J'ai eu l'honneur d'être commissaire à l'Exposition de Paris, il m'est venu à l'esprit alors de dire que les relations commerciales entre les deux pays devraient être plus intimes, mais la faute est plutôt du côté de la France que des États-Unis. Je signale ce fait, qu'à l'Exposition de Paris, il y a eu un concours entre les machines à moissonner américaines du système Wood et les machines anglaises et allemandes; il s'agissait de savoir laquelle de ces machines pourrait le plus vite moissonner un champ. M. Wood finit le premier sa tâche. Néanmoins, la vente de la machine Wood est prohibée en France, alors que le traité Cobden permet aux machines anglaises de s'y introduire. M. Wood a vendu, en Hongrie seulement, 1,000 de ces machines.

M. Hewitt expose ensuite les raisons qui doivent engager les Américains à seconder le Comité français dans le but d'accroître le trafic entre les deux pays; il espère que le mouvement actuel sera couronné de succès.

ÉNUMÉRATION DES TRAITÉS CONCLUS PAR LA FRANCE ET LES ÉTATS-UNIS

L'honorable représentant de New-York rappelle qu'au Congrès, le 11 mars 1878, il a fait l'énumération des traités conclus entre la France et les États-Unis .

Il croit utile de donner de nouveau cette énumération.

Traité d'alliance conclu en 1778. — Commissaires spéciaux : Sileas Deane et Arthur Lee.

Traité de commerce, 1778.— Commissaires : B. Franklin, Sileas Deane et Arthur Lee.

Traité de 1800. — Commissaires spéciaux : Oliver Ellsworth (*chief justice*); W.-R. Davie, W.-P. Murray.

Traité de la Louisiane, 1803. — Commissaires spéciaux : Robert R. Livingstone (*minister*) et James Monroe.

Convention commerciale de 1822, négociée à Washington par Hyde de Neuville, envoyé *ad hoc*.

Convention de 1861, négociée par William C. Rives, ministre.

Plusieurs traités de moindre importance ont été conclus entre les deux pays : celui de 1831 est le seul qui ait été négocié par le ministre en résidence à Paris.

L'examen de cette liste, dit M. Hewitt, conduit à cette conclusion que, chaque fois qu'une œuvre spéciale et fort importante doit être accomplie, l'expérience montre que les nations se voient obligées de recourir à des agences spéciales.

UN TRAITÉ DE COMMERCE AVEC LA FRANCE EST NÉCESSAIRE

L'orateur rappelle les termes dans lesquels il a apprécié, au Congrès, le mouvement franco-américain :

L'état de nos relations commerciales avec la France conduit forcément à cette conclusion. Généralement, nous avons été représentés à Paris par des hommes de talent. Le commerce entre la France et les États-Unis a toujours été et est encore entravé par des restrictions de la nature de celles qui existaient entre la France et l'Angleterre et qui furent écartées par le fait du traité conclu en 1860 par les soins de Cobden. Malgré l'exemple de ce traité présent à nos yeux depuis dix-huit ans, aucun effort n'a été fait pour nous assurer le bienfait d'un échange de produits plus libre. L'état de nos relations commerciales avec la France est un reproche constant adressé à notre diplomatie. Notre dernier ministre était un homme habile; il fut longtemps membre de cette chambre, et cependant, durant huit années de service, il n'a rien fait pour le développement de notre commerce avec la France.

Grâce à l'obligeance du représentant du Massachusetts (M. Banks), j'ai eu communication d'une circulaire lancée — par qui? non par des manufacturiers américains, comme vous pourriez le supposer, mais par une association française, laquelle nous invite à nous joindre à elle pour tenir à Paris une conférence internationale durant l'Exposition qui va s'ouvrir, dans le but de poser les bases d'un traité de commerce franco-américain. Les Français sont impatients de sortir de la situation actuelle, et nous, qui avons un si grand nombre d'articles à vendre, nous ne faisons rien. Tel est le fruit de notre diplomatie américaine.

LA LOUISIANE ET LE TRAITÉ

Le sénateur Eustis dit que, comme citoyen de la Louisiane, il prend un intérêt spécial à cette question. La population qu'il re-

présente est unie à la France par les traditions, par le langage,
et, en grande partie, par la religion. Comme citoyen de cet État,
M. Eustis donne au mouvement en faveur d'un traité de commerce sa cordiale et sincère recommandation.

L'ILLINOIS ET LE TRAITÉ

M. Harrison, représentant de l'Illinois, dit que l'on fera tout
pour encourager les efforts de M. Chotteau. La population de l'Illinois connaît les avantages qu'elle peut tirer d'un commerce
étendu avec la France. Lorsque les citoyens de New-York, Philadelphie, Chicago, Saint-Louis et autres grandes villes auront
parlé, le Congrès agira.

LE COMMERCE DES COTONS

Un représentant de New-York, M. Crittenden, dit que, comme
négociant, il connaît les causes qui sont si préjudiciables au commerce. Il parle des restrictions du tarif français à l'égard des manufactures américaines, et dit que, si cette interdiction était
levée, le commerce des tissus de coton seul prendrait un développement étonnant avec la France. M. Crittenden approuve le
mouvement actuel.

Le général Banks rappelle que Washington, John Adams et
Jefferson étaient en faveur des traités de commerce avec les
nations étrangères. Nous avons changé d'avis à cet égard, mais la
France a adhéré à cette opinion. La France sent maintenant
qu'elle a besoin de plus grands marchés pour ses produits; de là
le mouvement que l'on voit aujourd'hui.
Il est certain que, d'après les opinions échangées, les manufacturiers et les marchands des États-Unis seront stimulés et
montreront au Comité français que nous sommes prêts à concou-
rir avec la France dans le but d'accroître nos relations commerciales.

M. Chotteau, par l'intermédiaire du général Banks, a
présenté aux assistants ses sincères remerciements pour
l'attention qu'ils avaient bien voulu lui prêter et pour les
encouragements que lui donnent leurs dispositions si bien-
veillantes.

Washington, le 12 avril 1878.

Hier soir s'est tenu à Washington, dans la salle d'honneur de
Wormley's House, un meeting qui aura un grand retentissement
aux États-Unis et en France.

Le général N. P. Banks, membre du Congrès, ancien président de la Chambre des députés, présidait. M. Brulatour était secrétaire.

On remarquait sur l'estrade les sénateurs Eustis, de la Louisiane ; Hill, de la Géorgie ; Butler, de la Caroline du Sud ; et Jones, de la Floride : — les représentants D. C. Cox et James Monroe, de l'Ohio ; J. Carter Harisson et Horatio C. Burchard, de l'Illinois ; Abraham S. Hewitt et Simeon Crittenden, de New-York ; Leopold Morse ; W. W. Crapo, N. P. Banks et Amassa Norcross, du Massachusetts ; Heister Clymer, de Pensylvanie ; Mork H. Dunnell, de Minnesotta ; — MM. Strafford et Clark, de la Californie ; le colonel Bol Ingersoll, M. Paul Dejardin, consul chancelier de France, et plusieurs journalistes de la ville.

Le général Banks a présenté à M. Chotteau les personnes présentes ; et, après les compliments d'usage, a exposé l'objet de la visite du délégué français aux Etats-Unis et le but spécial de la réunion. Il a exprimé l'espoir qu'un mouvement semblable aura lieu à Baltimore, à Chicago, à Saint-Louis et dans d'autres grandes cités. Il a ajouté :

Depuis le début de notre histoire, la France et l'Amérique sont unies par des liens d'amitié et d'intérêt, et l'on devra accueillir avec empressement tout ce qui pourra resserrer ces liens et étendre les relations commerciales entre les deux pays. M. Chotteau, qui représente ici un corps influent de Français distingués, est un ami véritable et éprouvé des Etats-Unis. Il a beaucoup écrit sur les faits qui se rattachent à notre histoire et à nos intérêts, et j'espère qu'il recevra partout l'accueil le plus cordial. Je lui donne maintenant la parole.

Dans les sphères officielles, on a paru s'intéresser beaucoup au mouvement franco-américain, et l'on a reçu le délégué de Paris avec une franche cordialité.

V

BALTIMORE

RÉSOLUTION VOTÉE PAR LA CHAMBRE DE COMMERCE LE 11 AVRIL 1878

Le Comité « of commerce » décide qu'une réunion spéciale du « board of trade » aura lieu, sous peu de jours, et que, dans cette réunion, on constituera un Comité pour Baltimore.

Voici comment le susdit Comité a été ultérieurement constitué : Decatur A. Miller; — R. A. Fisher; — William H. Perot; — G. A. Von Lingen; — W.W. Spence; — James Carey Coale, — et E. de Merolla.

VI

PHILADELPHIE

Au meeting mensuel du « board of trade », tenu à Philadelphie, le 15 avril 1878, M. Frederic Fraley, président, a annoncé que M. Léon Chotteau, délégué du Comité de Paris, venait d'arriver de Baltimore.

L'assemblée désigna, pour entendre le délégué, MM. Frederick Fraley, George N. Allen, Ch. H. Cramp, Clayton French et Thos L. Gillespie.

Ces messieurs se sont réunis le 18.

Une discussion générale suivit le discours de M. Chotteau :

M. French, après avoir recommandé la proposition, dit : « Nous avons besoin d'introduire nos produits en France, et nous ne saurions engager une nation à nous donner des avantages sans lui en offrir en retour. »

RÉSERVES PROTECTIONNISTES FAITES PAR M. FRALEY

M. Fraley comprend que le traité de commerce conclu entre la France et l'Angleterre ait été jugé bienfaisant à l'égard de l'introduction des vins et de la soie; mais que là où les articles français s'étaient trouvés en rivalité avec des denrées anglaises, il y avait eu des plaintes. Afin d'éviter de pareilles réclamations,

Il importe de méditer profondément les termes du traité de commerce avant qu'aucun gouvernement ne prenne d'engagement.
Nous sommes les uns et les autres placés à des points de vue si
différents, que nous n'avons pu comprendre tous les arguments
développés par M. Chotteau, et que très-probablement celui-ci n'a
pas compris la force de toutes nos objections. Mais ces points
seront plus faciles à élucider dans une convention internationale.

RÉSOLUTION RELATIVE A L'ORGANISATION DU COMITÉ DU BOARD
OF TRADE DE PHILADELPHIE

La commission a décidé de recommander au Board of Trade de
nommer un Comité à l'effet de conférer avec les Comités des
Boards of Trade des autres cités, dans le but de tenir, à Washington,
une convention nationale, qui élira des délégués, lesquels devront
siéger dans le Congrès de commerce international qui va se tenir
dans deux mois à Paris.

LE « MARITIME EXCHANGE » APPROUVE LE PROJET DE CONGRÈS
FRANCO-AMÉRICAIN

Le 15 avril au soir, M. Chotteau a exposé l'objet de sa mission
devant un Comité spécial du Maritime Exchange, lequel a
approuvé par un vote spécial le projet d'un Congrès franco-
américain.

VII

NOUVELLE-ORLÉANS

DÉPART DU DÉLÉGUÉ FRANÇAIS POUR LE SUD ET L'OUEST

M. Chotteau poursuivait avec activité la mission que lui
avait confié le Comité français. Après avoir visité successi-
vement Boston, New-York, Washington, Baltimore, Philadelphie, il partit le 23 avril pour une nouvelle campagne,
en commençant par la Nouvelle-Orléans. Il se rendit ensuite
à Cincinnati, Saint-Louis, Chicago et San-Francisco.

Ainsi, la mission de M. Chotteau avançait rapidement.
M. Nathan Appleton, qui le secondait avec un zèle particulier, recevait de Mobile et de San-Francisco l'assurance que

les Chambres de commerce de ces villes étaient disposées à
coopérer avec le délégué français pour préparer une amélioration dans les relations commerciales de la France et des
Etats-Unis au moyen d'un traité de commerce. « M. Chotteau,
écrivait M. Appleton, n'éprouvera dans ces villes aucune
difficulté à obtenir qu'elles soient dignement représentées à
une future conférence. »

Réunion du 28 avril 1878.

A la fin du meeting, tenu à la Nouvelle-Orléans dans la
grande salle de la Bourse au coton, après le discours de
M. Léon Chotteau, M. John B. Laffitte, au nom du Comité, a
donné lecture des résolutions suivantes, qui ont été adoptées à l'unanimité.

RÉSOLUTIONS

Le Comité nommé pour soumettre des résolutions à cette
assemblée a l'honneur de présenter le rapport suivant :
« Votre Comité ne croit pas nécessaire d'entrer dans une discussion détaillée pour prouver que l'adoption d'un traité de commerce entre la France et les Etats-Unis ne peut manquer d'être
un grand avantage pour les deux pays, en favorisant un échange
plus libre de leurs produits respectifs, manufacturés et agricoles.
Il convient, cependant, d'ajouter que notre Etat et notre section
ont un intérêt spécial dans toute mesure qui fera disparaître les
entraves inutiles au commerce entre les deux pays.
« Sans entrer dans une explication détaillée, qui nécessiterait
de trop longs développements, notre Comité appelle spécialement votre attention sur l'importance de la réduction des droits
sur les qualités inférieures des vins rouges de France, dont
l'usage dans notre pays est non-seulement hygiénique, mais encore utile à la cause de la tempérance en diminuant l'usage
des spiritueux.
« Afin donc de donner toute l'assistance en notre pouvoir au
mouvement inauguré à Paris, nous recommandons l'adoption
des résolutions suivantes :
« Résolu qu'il sera nommé un Comité de trente membres qui
sera désigné sous le nom de : Comité permanent du Commerce
franco-américain, lequel comité sera autorisé à correspondre et
à conférer avec le Comité français de Paris, à nommer des délégués à la Convention qui sera tenue à Washington et à adopter
telles autres mesures qu'il jugera nécessaires dans le but de
favoriser l'adoption d'un traité de commerce entre la France et
les Etats-Unis.

Résolu que les présidents de la Bourse au coton de la Nou-velle-Orléans, de la Chambre de commerce et de la Chambre syn-dicale consultative du commerce français à la Nouvelle-Orléans, sont requis de nommer dix membres chacun du Comité perma-nent.

Résolu que les susdits présidents sont aussi requis de désigner d'un commun accord cinq délégués pour assister au Congrès franco-américain qui se réunira à Paris.

Résolu que cette assemblée offre ses remerciements à M. Léon Chotteau pour l'habileté avec laquelle il a rempli sa mission comme délégué du Comité français.

Signé : John-B. Laffitte, Schreiber, Wm.-B. Burweel, S.-H. Buck, F. Limet.

Ces résolutions ont été votées à l'unanimité.

CONSTITUTION DU COMITÉ DE LA NOUVELLE-ORLÉANS

Conformément aux résolutions adoptées dans le meeting tenu le 28 avril à la Bourse au coton de la Nouvelle-Orléans, un Comité permanent de trente membres a été constitué et cinq délégués ont été désignés pour se rendre à Paris.

Voici la composition du Comité permanent :

Désignés par la Bourse au coton : John B. Laffitte, J. Lorber, Wm. Black, L. Lacombe, F. Larue, A. Schreiber, Ch. Honold, Louis Bush, E.-L. Jeanrenaud, C.-A. Philippi ;

Par la Chambre du commerce : Wm. M. Burwell, J.-J. d'Aquin, Henry G. Hester, Joseph Bowling, E. Forestier, C.-E. Girardey, W.-G.-C. Claiborne, S.-H. Buck, O.-W. Carey, A. Baldwin ;

Par la Chambre syndicale consultative du commerce français de la Nouvelle-Orléans : Victor Maignan, Auguste Bohn, Anthoine Carrière, Joseph Bayle, Félix Limet, Alphonse Coutin, Pierre Poutz, Léon Grand, Émile Allgeyer, F. Tujague ;

Délégués au Congrès franco-américain de Paris : MM. A. Car-rière, Louis Busch, Durant da Ponte, Samuel H. Buck, Victor Maignan. Remplaçant, Félix Limet.

VIII

CINCINNATI

A la suite du discours prononcé le 3 mai 1878 par M. Léon Chotteau devant la Chambre de commerce, un Comité de cinq membres a été nommé pour se tenir en rapports constants avec le Comité national américain.

IX

SAINT-LOUIS

RÉSOLUTION VOTÉE LE 6 MAI 1878

M. John A. Sculder, président du « Merchant's Exchange » présidait la réunion.

Il a mis aux voix la nomination d'un Comité local de cinq membres. —

L'assemblée, à l'unanimité, a décidé que le Comité serait élu à bref délai, et entrerait en relation avec le Comité central de Washington.

Le Merchants' Exchange a, plus tard, nommé les délégués suivants au Congrès franco-américain de Paris :

Honorable Charles P. Chouteau, capitaine Geo H. Rice, Emile Karst et D. P. Stovale.

X

CHICAGO

Le « Board of trade », Chambre de commerce de Chicago, a désigné un Comité spécial pour entendre M. Léon Chotteau, délégué du Comité français.

M. Chotteau a été présenté à ce Comité le 9 mai.

Le Comité a décidé qu'il demanderait au « Board of trade » l'organisation immédiate d'un Comité de cinq membres.

Le Board of Trade a fait droit à cette demande.

XI

SAN-FRANCISCO

Le 20 mai 1878, à la suite du discours de M. Léon Chotteau, M. Alexandre Weill a présenté les résolutions suivantes:

Attendu qu'un Comité a été formé à Paris, dans le but d'établir les bases d'un traité de commerce entre la France et les États-Unis;

Attendu que M. Léon Chotteau, membre dudit Comité, a été délégué auprès des grands centres commerciaux et manufacturiers des États-Unis, avec la mission d'organiser en ce pays un Comité semblable, qui, par son active coopération avec celui de Paris, provoquerait la formation d'un Congrès franco-américain devant discuter cette importante question;

Attendu que cette Chambre est convaincue que la conclusion d'un tel traité servirait les intérêts réciproques des deux nations et tendrait au développement des relations commerciales des États-Unis;

Il est résolu que la Chambre de commerce de San-Francisco, assemblée en meeting le 20 mai 1878, exprime son adhésion au projet de conclure un traité de commerce entre la France et les États-Unis, et désire se joindre aux cités sœurs de la République, en vue d'appuyer le mouvement qui a pour objet de cimenter la bonne amitié et de resserrer davantage les liens commerciaux qui unissent les deux nations;

Résolu que la Chambre prend plaisir à souhaiter cordialement la bienvenue à M. Léon Chotteau, et s'engage à coopérer activement au succès de la mission qui lui a été confiée;

Résolu que cette Chambre nommera un Comité de cinq membres ayant pour mission de représenter San-Francisco au meeting des délégués à Washington.

Ces résolutions ont été adoptées à l'unanimité. Puis le président a désigné les personnes dont les noms suivent pour faire partie dudit Comité :

Alexandre Weill, président; C.-A. Low, W.-T. Coleman, Emile Grisar, S.-L. Jones.

XII

WASHINGTON. — *Meeting du 6 juin 1878.*

Organisation du Comité national américain. — Réponse au Comité français.

A L'HONORABLE M. MENIER, DÉPUTÉ DE SEINE-ET-MARNE, PRÉSIDENT DU COMITÉ ORGANISÉ A PARIS DANS LE BUT DE PROVOQUER UN MOUVEMENT POPULAIRE EN FAVEUR D'UN TRAITÉ DE COMMERCE FRANCO-AMÉRICAIN.

Monsieur le président,

Il est très-regrettable qu'aucun traité de commerce n'existe entre la France et les Etats-Unis.

Comment deux pays ayant en commun tant de souvenirs historiques, unis par de si nombreux liens de sympathie, ont-ils pu être à ce point séparés quant aux relations commerciales? C'est ce qui ne peut s'expliquer qu'en supposant que l'attention publique n'a jamais été suffisamment appelée sur ce fait.

La diversité des produits naturels et des industries des deux pays est si grande qu'ils ne peuvent être rivaux. Chacun d'eux produit, dans une grande mesure, ce dont l'autre a besoin, et nous ne pouvons comprendre qu'aucune théorie politique puisse empêcher que les relations commerciales les plus étroites ne s'établissent entre des nations ainsi placées.

Les Etats-Unis regorgent de produits qui devraient trouver un marché en France, et si nous vous vendons, le résultat naturel et inévitable est que nous achèterons chez vous.

En conséquence, nous sommes disposés à coopérer cordialement à appeler l'attention du public en France et aux Etats-Unis sur les grands avantages qui doivent résulter, pour l'un et l'autre pays, d'un tarif conventionnel réglant les droits d'importation de manière à accroître le commerce et à développer les ressources de tous les deux également.

Nous croyons, comme vous, que le meilleur moyen de rendre

un pareil changement efficace et profitable aux deux nations, c'est que l'initiative en soit prise, après mûr examen, par des hommes pratiques, et nous approuvons cordialement la proposition que vous nous avez faite de combiner nos efforts avec les vôtres pour préparer les voies à la réunion d'un Congrès franco-américain.

Présentons ce sujet au peuple de la France et de l'Amérique de la manière qui devra le mieux s'imposer à son jugement et exciter son intérêt et, si possible, de façon à nous attirer l'approbation de tous les hommes de bonne foi et à ne soulever l'antagonisme de personne.

Le système actuel des restrictions apportées aux relations commerciales ne devrait plus être toléré entre les deux grandes républiques qui cherchent leur plus grand développement dans la pratique des arts de la paix.

COMITÉ CENTRAL DE WASHINGTON

Bureau du Comité:

J.-B. EUSTIS, sénateur de la Louisiane, président;
Benj.-A. WILLIS, représentant de New-York, vice-présiden
A. POLLOK, vice-président;
Ernest BRULATOUR, secrétaire.

Membres du Comité:

Benj.-H. HILL, sénateur de la Géorgie;
M.-C. BUTLER, sénateur de la Caroline du Sud;
Aaron-A. SARGENT, sénateur de la Californie;
Henry-L. DAWES, sénateur du Massachusetts;
M.-H. BARNUM, sénateur du Connecticut;
Stanley MATTHEWS, sénateur de l'Ohio;
Randall-L. GIBSON, représentant de la Louisiane;
N.-P. BANKS, représentant du Massachusetts;
Jacob-D. COX, représentant de l'Ohio;
J.-H. ACKLEN, représentant de la Louisiane;
John-B. TUCKER, représentant de la Virginie;
Léopold MORSE, représentant du Massachusetts.

NOMINATION DU BUREAU DE LA DÉLÉGATION AMÉRICAINE
POUR LE CONGRÈS DE PARIS

Ont été élus:

Président de la délégation américaine:

M. le sénateur M.-C. BUTLER, de la Caroline du Sud;

Vice-Présidents:

MM. A. POLLOK, de Washington; ELLIOT C. COWDIN, de New-York;
Nathan APPLETON, de Boston.

Secrétaire:

M. Ernest BRULATOUR, de la Louisiane.

On a, en outre, décidé qu'on proposerait au Comité français d'ouvrir le Congrès franco-américain de Paris le 7 août 1878.

M. Léon Chotteau s'est rembarqué à New-York le 12 juin à bord du *Saint-Laurent*, afin de pouvoir assister à ce Congrès.

DEUXIEME CAMPAGNE

GOUVERNEMENT AMÉRICAIN

WASHINGTON

Les agences françaises et américaines transmettaient, le 22 janvier 1879, aux journaux des deux pays, la dépêche suivante:

New-York, le 21 Janvier.

M. Léon Chotteau, délégué du Comité français pour le traité de commerce, s'est rendu immédiatement à Washington pour présenter ses hommages, et ceux du Comité, au président Hayes, ainsi qu'au ministre des affaires étrangères.

Le délégué français aura, cette semaine, une entrevue avec M. John Sherman, ministre des finances.

Le *Courrier des Etats-Unis* annonçait, ainsi qu'on le verra ci-après, le départ de M. Léon Chotteau pour Washington:

M. Léon Chotteau part ce soir, jeudi 23 janvier, pour Washington. Dans une réunion, il a dit qu'il avait conféré de l'objet de sa mission avec les chambres de commerce d'un grand nombre de villes françaises, et que partout il avait reçu l'accueil le plus favorable.

Il se propose de suivre la même ligne de conduite dans les principales villes américaines, et de tenir l'esprit public en éveil sur les avantages qui doivent résulter d'un plus large échange commercial entre les deux nations, jusqu'à ce que le mouvement ait pris assez de corps pour entrer dans la voie législative.

On peut compter que M. Chotteau apportera dans ses nouvelles démarches autant d'activité, autant de tact et de sens pratique qu'il en a mis dans les premières, et nous espérons qu'il trouvera dans les hommes sérieux auxquels il s'adresse autant de sympathie pour son caractère que d'adhésion aux vues loyales et pratiques dont il est l'interprète au nom du commerce français qui lui a donné mandat.

Le même journal raconte dans les termes suivants l'entrevue qui eut lieu le 27 janvier entre le président Hayes et le délégué français :

M. Léon Chotteau a été reçu, le lundi 27 janvier, à dix heures trois quarts du matin, par M. le président Hayes. Il était accompagné de M. le général N.-P. Banks, membre du congrès, et de MM. A. Pollok, avocat à Washington, du général Young, de la Géorgie, et de M. James Hodges, de Baltimore.

M. Chotteau a dit au président des Etats-Unis :

« Me voici de nouveau dans votre pays. L'année dernière, ma mission avait pour objet d'inviter le peuple américain à nommer des mandataires chargés de poser à Paris les bases d'un traité de réciprocité entre la France et les Etats-Unis. Ces délégués, réunis à un certain nombre de Français, ont reconnu qu'aucun traité n'existait entre les deux Républiques, et qu'on devait en conclure un.

« Aujourd'hui, le but de ma seconde mission est de recueillir les avis des chambres de commerce d'Amérique. Lorsque, vers le mois de juin ou de juillet, j'aurai en main les rapports de tous les groupes intéressés, je vous les communiquerai. J'aurai soin de joindre à ces documents les décisions des chambres de commerce de France, et le Comité français fera la même communication au gouvernement de Versailles. Alors, en ce qui vous concerne, j'espère que vous donnerez à la question l'attention qu'elle mérite.

« Je voudrais vous remettre, avant le mois de juin ou de juillet, les réponses des grands centres industriels de France et des Etats-Unis, mais la distance qui sépare Boston de la Nouvelle-Orléans, la Nouvelle-Orléans de San-Francisco et San-Francisco de Washington est longue, bien longue! J'ai beaucoup de lieues à parcourir et beaucoup de meetings à organiser avant de pouvoir vous faire connaître le véritable sentiment de la nation que vous représentez si sagement et si dignement. Pardonnez-moi si je ne termine ma course qu'à l'époque éloignée que je viens de vous indiquer. »

M. le président Hayes a demandé à M. Chotteau quelques renseignements sur les progrès de la propagande en France. Il a ensuite promis d'examiner sérieusement la question en temps opportun. Il s'est montré fort courtois avec le délégué français et les personnes qui avaient bien voulu l'accompagner.

M. Chotteau, en quittant la Maison-Blanche, a remis à M. le président un exemplaire richement relié de l'ouvrage de M. Menier, intitulé : *Atlas de la production de la richesse.*

A ce sujet, M. Chotteau écrivait au président du Comité

français : « Le président Hayes vous présente ses hommages et vous remercie de votre livre. »

Ministère des affaires étrangères.

On télégraphiait de Baltimore en mai dernier :

M. William M. Evarts, ministre des affaires étrangères des Etats-Unis, a répondu de la façon suivante à la communication qui lui avait été faite par la chambre de commerce de Baltimore en faveur du Traité franco-américain :

J'ai à vous accuser réception de votre lettre du 12 courant et du rapport du Comité spécial de la Chambre de commerce de Baltimore, au sujet d'un traité de réciprocité entre la France et les États-Unis.

En réponse à votre lettre, je désire vous exprimer le profond intérêt que prend ce département à toute tentative faite en vue de rendre plus libérale notre législation commerciale, et d'étendre notre commerce étranger.

Les actes de la Chambre de commerce de Baltimore sont en conséquence suivis par ce département avec un grand intérêt, et ils seront l'objet de la respectueuse attention due à leur importance.

Signé : W.-M. EVARTS,
Ministre des affaires étrangères.

CONGRÈS DE WASHINGTON

46e Congrès — Première Session

Chambre des Représentants.

Mercredi 23 avril 1879

—

TRAITÉ AVEC LA FRANCE

M. FERNANDO WOOD : Je propose la résolution suivante :

Il est résolu que le Président soit respectueusement requis d'examiner s'il ne serait pas expédient d'entrer en convention avec le gouvernement français pour la négociation d'un traité qui assurera un échange plus égal des produits naturels et manufacturés de l'un et de l'autre pays, et servira à cimenter entre eux des relations plus étroites d'amitié, d'industrie et de commerce.

« Si personne ne désire discuter la proposition, je propose la prise en considération. »

La prise en considération est appuyée; la résolution est ensuite mise aux voix et adoptée par 82 *oui*; les *non* ne sont point comptés.

Sénat.

Le 15 mai 1879, M. le sénateur Cockrell a demandé au Sénat et obtenu, d'un consentement unanime, la permission de soumettre à cette assemblée la résolution suivante, laquelle a été lue deux fois :

Résolution du Congrès en faveur d'un traité de réciprocité et de commerce avec la République française.

Considérant que les conditions d'échange et de commerce qui existent présentement entre la République française et les États-Unis d'Amérique appellent l'attention éclairée des deux gouvernements ;

Considérant que c'est à la fois le désir et l'intérêt du peuple des États-Unis d'entretenir avec le peuple français les rapports les plus amicaux, et d'établir et d'accroître les relations commerciales entre les deux pays, en les basant sur des conditions de réciprocité, en vue de l'avantage mutuel des parties ;

Considérant, en outre, qu'un traité de réciprocité et de commerce entre les gouvernements des deux Républiques, à des conditions également honorables et justes, fortifiera les liens amicaux et contribuera très-largement à accroître l'industrie et le commerce entre les deux pays, ainsi qu'à procurer et à maintenir la sécurité et la stabilité des échanges ;

Le Sénat et la Chambre des représentants des États-Unis d'Amérique, réunis en congrès, décident que le Président des États-Unis d'Amérique est autorisé et invité à ouvrir des négociations avec le gouvernement de la République française, dans le but de conclure et d'établir un traité de réciprocité et de commerce avec ce gouvernement, à des conditions également honorables, justes et réciproquement avantageuses, et, si cela est jugé nécessaire, à nommer, d'après l'avis et le consentement du Sénat, trois commissaires chargés de conduire, au nom des États-Unis, les négociations préliminaires de ce traité ; la rémunération de ces négociateurs sera fixée par le Secrétaire d'État.

I

BOSTON

Chambre de Commerce

Board of Trade (20 *janvier* 1879)

Sur la proposition de M. John W. Candler, la question est renvoyée à un Comité composé de :

MM. John W. Candler, E.-R. Mudge, George-William Bond, J. M. S. Williams, Jérome Jones.

II

BALTIMORE

Résolution adoptée le 18 février 1879 par le Comité nommé par le *Board of Trade* :

Résolu que ce Comité, ayant entendu avec un grand intérêt les observations de M. Léon Chotteau, au sujet d'un traité de réciprocité commerciale entre la France et les Etats-Unis, et reconnaissant la grande importance d'un tel acte, invite instamment la Chambre de commerce à s'occuper de cet objet, et à prendre l'initiative de telles mesures qui seront jugées les plus propres à atteindre le but proposé.

RÉSOLUTIONS VOTÉES PAR LE « BOARD OF TRADE »

Le *Board of Trade*, de Baltimore, a tenu le 1er mai suivant, sa réunion mensuelle. M. D.-H. Miller présidait; étaient présents MM. Israël, M. Parr, Robert A. Fisher, Henry C. Smith, George P. Frik, John R. Seemuller, S.-P. Thompson, James Carey Coale, Andrew Reid, W.-H. Perot, Robinson W. Cator, Eugène Levering, H. Irwin Keyser, Thomas Poultney, Stephen Bonsal, Hiram Woods, Samuel Hoogewerff, John E. Hurst, et le secrétaire G.-U. Porter.

Le Comité chargé d'étudier la question d'un traité de réciprocité avec la France a fait son rapport. M. Robert A. Fisher, président de ce Comité, a dit que, le 18 février, le *Board* avait entendu M. Léon Chotteau, de Paris, qui recommandait la conclusion d'un traité de commerce entre la France et les Etats-Unis. Il a ajouté que le discours du délégué français avait fait une profonde impression sur l'esprit des négociants de Baltimore. Le rapport conclut en proposant l'adoption de la résolution suivante :

« Le *Board of Trade*, de Baltimore, reconnaissant pleinement l'importance des traités de réciprocité, qui sont destinés à étendre notre commerce avec l'étranger, et croyant qu'il serait possible de développer nos échanges avec la France par un traité de ce genre, recommande respectueusement au gouvernement des Etats-Unis de prendre l'initiative des mesures qui lui paraîtront de nature à amener un résultat si désirable. »

La résolution a été votée à l'unanimité, et il a été décidé, en outre, qu'une copie de cette motion serait adressée à l'honorable William M. Evarts, secrétaire d'Etat pour les affaires étrangères.

Le rapport était signé de tous les membres du Comité, à savoir, de MM. R.-A. Fisher, W.-W. Spence, James Carey Coale, James Hodges et E. de Merolla.

III

NEW-YORK

CHAMBRE DE COMMERCE

La résolution suivante, présentée par M. Jackson S. Schultz, a été adoptée par la Chambre le 6 mars 1879 :

Attendu que M. Léon Chotteau nous a exprimé aujourd'hui le désir éprouvé par beaucoup de commerçants et d'industriels de France de voir des relations d'affaires plus étendues et plus libres exister entre la France et l'Amérique ; et

Attendu que cette chambre sympathise cordialement à ce mouvement, mais ne possède pas des faits suffisants pour qu'elle puisse, en connaissance de cause, exprimer une opinion au sujet de la base sur laquelle des relations plus libres devront être établies ; en conséquence,

Résolu que tout le sujet soit renvoyé à un Comité spécial, qui sera chargé d'examiner et d'exposer dans un rapport adressé à ce corps les informations et les faits de nature à permettre à cette Chambre d'agir en connaissance de cause.

Board of Trade des États-Unis. — Séance du 12 mars 1879.

Après avoir chaleureusement félicité et remercié M. Chotteau de son discours, le *Board of Trade* a adopté à l'unanimité les résolutions suivantes, présentées par M. Nathan Appleton, président du Comité des résolutions :

Résolu que le *Board of Trade* des États-Unis exprime ses remerciements à M. Léon Chotteau, délégué du Comité français, pour son intéressant discours ; et recommande aux Chambres de commerce, sur toute l'étendue du pays, de discuter le sujet du traité de commerce proposé, dont le but est d'encourager le commerce entre les deux pays, et d'adresser des rapports aussitôt que possible ou au *Board of Trade* des États-Unis, ou au délégué du Comité français directement.

ASSOCIATION DE LA SOIE

L'assemblée a remercié M. Chotteau pour l'intéressant travail qu'il lui avait soumis le 13 mai 1879, et qui a été renvoyé au Comité de l'Association pour les lois fiscales.

IV

PHILADELPHIE.

Board of Trade (17 mars 1870).

La question est renvoyée à un Comité composé de MM. Frederick Fraley, George N. Allen, Charles H. Cramp, Clayton French, Thos. L. Gillespie.

Commercial Exchange (18 mars).

A la suite du discours de M. Léon Chotteau, qui a profondément impressionné l'auditoire, la question a été renvoyée à un Comité composé de MM. M. W. Brockie qui a présenté la résolution suivante, laquelle a été adoptée :

Attendu que M. Léon Chotteau a exposé devant nous le désir qui porte un grand nombre de citoyens éminents de la France à chercher les moyens d'améliorer les relations commerciales des deux pays ;

Attendu que la présente réunion suit avec sympathie tous les mouvements qui ont pour objet d'étendre le commerce étranger des Etats-Unis et de Philadelphie en particulier ;

Cette réunion ne pouvant, sans avoir dûment considéré et délibéré, exprimer une opinion à l'égard de la base sur laquelle ces relations devraient être améliorées, soumet, par la présente résolution, cette question au Comité chargé de la législation, en priant ledit comité de présenter à une prochaine occasion un rapport à cette Chambre.

Le 21 avril 1870, après la lecture de la lettre signée de M. Cyrus W. Field, M. George N. Allen appuie la recommandation qui est faite à la Chambre ; il dit : « M. Léon Chotteau « vient, comme représentant des Chambres de commerce de « France, nous transmettre une offre. Les Chambres peuvent « être protectionnistes, et nous le sommes. Mais, dans la « condition actuelle de notre commerce étranger, plus nous « pourrons ouvrir de marchés aux produits de nos manufac- « tures, et mieux cela vaudra pour nous. Cette proposition de « réforme des tarifs a un caractère pratique ; et elle doit être « traitée par nous comme une affaire. Une communication « signée de tels noms mérite notre attention et nous devons « émettre un avis sur une question de cette importance. » Après ce discours de M. George N. Allen, le *Board of Trade* de Philadelphie renvoya la proposition à un comité spécial.

V

NOUVELLE-ORLÉANS

RÉSOLUTIONS ADOPTÉES LE 7 AVRIL 1879 SUR LA PROPOSITION

DE M. FÉLIX LIMET

Attendu que la production intérieure des articles les plus essentiels à la défense militaire et au comfort du peuple des États-Unis est actuellement si bien établie que non-seulement elle est indépendante de la concurrence étrangère, mais encore qu'elle n'a plus besoin de protection spéciale;

Attendu que cette industrie, bien établie, suffit non-seulement à la demande intérieure, mais produit encore un excédant pour lequel il faut des débouchés à l'étranger capables d'absorber sa valeur croissante;

Attendu qu'il y a une tendance marquée de la part de quelques nations européennes à imposer de nouveaux droits sur nos produits agricoles aussi bien que sur nos articles manufacturés, la proposition étant faite en Russie de taxer notre coton, en Allemagne d'adopter un tarif protecteur qui atteindrait les animaux élevés dans notre pays et les produits de l'Ouest, et, dans la Grande-Bretagne, de mettre un droit sur les cotons filés;

Attendu que la France est en train de renouveler ses traités de commerce avec les puissances européennes, et qu'elle a déjà renouvelé ses traités avec l'Espagne, l'Italie et la Grande-Bretagne, et qu'on offre de sa part, par l'intermédiaire du Comité que représente M. Léon Chotteau, de conclure avec notre gouvernement une convention commerciale, par laquelle nos produits agricoles, actuellement admis en franchise, auraient le même privilége garanti pendant la durée de ladite convention, nos articles manufacturés, dont plusieurs sont entièrement prohibés, tandis que la plus grande partie des autres le sont virtuellement, seraient admis aux mêmes taux, peu élevés de droit, que ceux des nations ayant des traités de réciprocité avec la France;

Attendu qu'il a été démontré, par la récente Exposition universelle de Paris, que beaucoup d'industries américaines trouveraient un débouché facile sur les marchés français si leurs produits pouvaient y être importés sous le tarif conventionnel, au lieu de l'être sous le tarif général, par exemple, nos articles de

12

coton, notre carrosserie, nos montres, nos cuirs ouvrés ou non, nos machines agricoles et autres, etc., etc.;

Attendu que la Nouvelle-Orléans, en qualité de port d'entrée et de sortie de la vallée du Mississipi, contenant dix-huit millions d'habitants, est grandement intéressée à l'adoption d'une convention qui accroîtrait considérablement le commerce d'exportation et d'importation de cette région;

Attendu que le gouvernement des Etats-Unis, par le traité conclu le 3 juin 1875 avec le roi des îles Hawaï, a reconnu le principe que les consommateurs d'articles de première nécessité ont droit a être protégés, en accordant aux habitants des Etats du Pacifique le privilège d'importer, francs de droit, des îles susdites, pour leur consommation, du riz, du sucre et d'autres denrées, en raison de ce que ces Etats représentaient qu'ils avaient à payer des frais élevés de transport pour ces denrées quand ils étaient obligés de les tirer des Etats de l'Atlantique;

Attendu que, comme consommateurs de vins, nous pouvons soutenir également que nous avons à payer des prix exorbitants pour nos vins de table, soit en raison des frais de transport, qui font plus que doubler le coût des vins de Californie, soit à cause des droits élevés (plus de cent pour cent *ad valorem*) imposés sur les vins français;

Attendu enfin que, comme le prouve l'exemple des traités entre la France, d'une part, et l'Espagne et l'Italie de l'autre, les vignerons des Etats-Unis trouveraient dans une réduction réciproque des droits de douane un avantage pratique par l'usage plus général du vin comme article de consommation journalière, et par la facilité qui leur serait acquise de vendre leurs produits pour des mélanges avec les vins français, ce qui offrirait aux consommateurs un article convenable comme vin de table et à meilleur marché, et aussi par la possibilité d'exporter les vins américains en France pour la consommation et les mélanges, comme c'est le cas actuellement pour les vins italiens;

En conséquence, il est

Résolu que l'uniformité actuelle, sans distinction du tarif imposé par la loi sur toutes les importations étrangères, avec les trompeuses clauses contenues dans plusieurs de nos traités, et suivant lesquelles les produits des puissances contractantes sont admis à l'importation réciproque d'après la clause de la nation la plus favorisée, a restreint le commerce extérieur des Etats-Unis dans une certaine sphère et l'a limité à certains pays, ce qui est insuffisant pour remédier aux griefs dont on se plaint ou pour assurer le développement de nos débouchés;

Résolu que le chef du pouvoir exécutif et le Congrès des Etats-Unis sont requis de réviser nos traités de commerce et d'amitié avec les nations étrangères, en vue de rechercher s'il y a lieu de négocier avec ces pays un tarif spécial ou conventionnel, sous le régime duquel le surplus exportable des Etats-Unis, articles manufacturés, coton, maïs, animaux, articles alimentaires ou autres matières premières, pourrait trouver au dehors des débouchés et servir ainsi à liquider la balance annuelle en espèces que laisse notre commerce avec les pays qui produisent des articles que les Etats-Unis ne peuvent produire à aussi bon marché ;

Résolu qu'à titre de place de commerce représentant l'immense trafic d'exportation de la vallée du Mississipi et les intérêts de millions de consommateurs, nous recommandons instamment au gouvernement fédéral de conclure avec la République française un traité de commerce qui garantisse, pendant la durée dudit traité, nos produits agricoles contre tous nouveaux droits de douane, qui admette nos articles manufacturés aux mêmes taux de droits que les articles similaires de la Grande-Bretagne et des autres nations favorisées, et qui permette aux consommateurs américains d'obtenir à des taux réduits les produits et articles manufacturés de la France ;

Résolu que nous invitons nos représentants au Congrès à appuyer tout bill ayant pour objet de recommander au gouvernement d'adopter un tel traité, ou d'en faciliter l'adoption par la révision nécessaire du tarif existant.

Félix Limet.

W.-M.M. Burwell.

J. Lorber.

CONVENTION DE LA NOUVELLE-ORLÉANS

Le mardi 3 décembre 1878, — deux jours après la brillante réunion du Cirque des Champs-Elysées, — a commencé la session de la Convention commerciale convoquée en juillet dernier par un Comité du commerce de la Nouvelle-Orléans, dans le but de rechercher les moyens d'arrêter la dépression du commerce et de l'industrie aux Etats-Unis.

Le local choisi était le théâtre des Variétés. Dès le premier jour, plus de deux cents délégués étaient réunis, et dix-sept des des Etats de l'Union étaient déjà représentés.

Après les préliminaires d'usage, la Convention commerciale a décidé de procéder à son organisation permanente. Le général Fitz Hugh Lee, de la Virginie, a été élu président, et M. Holden, du Wisconsin, premier vice-président. Un vice-président a été en outre désigné pour chaque Etat ; l'honorable F.-S. Goode a été choisi pour la Louisiane.

M. H.-G. Hester a été nommé secrétaire, et plusieurs autres secrétaires lui ont été adjoints.

Dans la séance du mercredi 4 décembre, M. J.-B. Laffitte a exposé les bases du traité de commerce franco-américain, et obtenu l'autorisation de soumettre à la Convention son rapport.

Après une courte discussion, l'assemblée a décidé qu'elle autoriserait la présentation de résolutions qui devraient être préalablement référées à un Comité.

Ce Comité a proposé les résolutions suivantes, qui ont été votées :

« *Il est résolu* que, dans l'opinion de cette Convention, le projet de traité entre les États-Unis et la France avec les importants documents commerciaux qui l'accompagnent, tels qu'ils sont signés et soumis aux gouvernements des deux pays, MÉRITE D'ÊTRE PRIS EN SÉRIEUSE CONSIDÉRATION.

« Que, dans l'opinion de cette Convention, *une convention de réciprocité commerciale serait grandement favorable aux intérêts commerciaux*, attendu qu'elle confirmerait les relations d'amitié d'ancienne date des deux grandes puissances contractantes. »

VI

SAINT-LOUIS

RÉSOLUTIONS

L'honorable George Bain a présenté, le 14 avril 1879, les résolutions suivantes, qui ont été adoptées à l'unanimité :

« Nous, membres de la Bourse des négociants de Saint-Louis, après avoir entendu avec un intérêt profond le discours de M. Léon Chotteau, l'habile délégué du Comité français, et le rapport si intéressant de M. Émile Karst, dans lesquels se trouve exposée la condition actuelle du commerce entre la France et les États-Unis ;

« Considérant qu'il est évident que ce commerce est dans une situation qui appelle l'attention éclairée des Chambres de commerce et des *boards of trade* des États-Unis ;

« Considérant que l'Ouest, cette région de grande production, est intéressé d'une manière toute particulière à la solution de cette importante question,

« Nous déclarons ce qui suit :

« *Il est résolu* qu'il est de la plus grande importance pour les habitants de l'Ouest qui produisent les grains, la farine, la viande et le tabac, lesquels forment le fonds de nos exportations, qu'un débouché libre se trouve pour ces denrées aussi bien en France que dans les autres pays, et que, dans l'opinion de cette réunion, une concession équivalente peut être loyalement accordée à la France par notre gouvernement en échange de ce privilége ;

« *Il est résolu*, en outre, que, dans l'opinion de cette réunion, un traité avec la France accroîtrait dans une grande mesure nos relations commerciales avec ces pays, et que nous devons presser respectueusement nos sénateurs et nos représentants au Congrès d'exercer leur influence en vue d'un objet aussi désirable, aux conditions qui leur paraîtront justes et équitables ;

« *Il est résolu* que nous invitons les *boards of trade* et les Chambres de commerce des États-Unis, qui n'auraient pas encore dressé de rapports sur ce sujet, à le faire le plus tôt possible ;

« *Il est résolu*, enfin, qu'une copie de ces résolutions sera adressée aux sénateurs et aux représentants du Missouri à Washington. »

VII

CINCINNATI

Un comité spécial avait été chargé par la chambre de commerce de Cincinnati de formuler des résolutions.

Voici les conclusions de ce Comité, telles qu'elles ont été adoptées par la chambre, le 21 avril 1879 :

RÉSOLUTIONS

Considérant que le commerce entre les États-Unis et la France — à cette heure si inférieur à ce qu'il devrait être sous le double rapport du chiffre d'affaires et de la variété des articles — est restreint par les droits prélevés dans les deux pays sur des marchandises que chacun d'eux aurait pu échanger sans détriment ni pour l'un ni pour l'autre.

Cette chambre décide que des démarches seront faites pour appeler l'attention du gouvernement des États-Unis sur ce sujet, dans le but de faire ouvrir des négociations avec le gouvernement français, de manière à placer les échanges des deux nations sur la base la plus favorable au développement le plus rapide et le plus complet de ces mêmes échanges.

Elle décide, en outre, que M. Léon Chotteau a droit à sa reconnaissance pour le soin qu'il a pris de traiter devant elle l'important sujet « du commerce de la France et des États-Unis » dans les deux visites qu'il a bien voulu lui faire.

VIII

CHICAGO

Après le discours prononcé le 27 mai 1879 par le délégué français devant le *Board of Trade*, M. Counselman a proposé les résolutions suivantes, qui ont été adoptées à l'unanimité.

RÉSOLUTIONS

Il est résolu que ce *Board* appuie cordialement toutes les propositions tendant à l'accroissement du commerce des États-Unis avec l'étranger, et déplore l'existence de toute législation de nature à gêner ou à restreindre l'échange mutuel des marchandises entre nous et les autres nations.

Il est résolu que, dans l'opinion de ce bureau, une sage politique exige que toutes les barrières qui entravent les échanges commerciaux soient écartées, quand elles ne sont pas absolument nécessaires à l'entretien des ressources du pays, et que, tout bien considéré, elles ne contribuent pas au plus grand bien du plus grand nombre.

Il est résolu que nous approuvons de tout cœur la proposition que fait M. Léon Chotteau, au nom des intérêts commerciaux de la France, en vue d'une conférence entre la France et les États-Unis, dans le but d'améliorer les relations commerciales des deux pays, de manière que le chiffre actuel des échanges, si insignifiant à cette heure, s'accroisse pour le bien mutuel de l'un et de l'autre peuple.

Il est résolu, enfin, qu'une copie de ces résolutions sera envoyée à M. Evarts, secrétaire d'État, à M. Eaton, sénateur, président du Comité des relations extérieures, et à M. Wood, président de la Commission du budget (*Ways and Means committe*), de la Chambre des représentants.

IX

SAN-FRANCISCO

Le discours de M. Léon Chotteau a soulevé, le 13 juin 1879, dans la Chambre de commerce de San-Francisco, une discussion aussi longue que confuse.

M. W.-N. Olmstead finit par proposer les résolutions suivantes, que l'assemblée adopta par lassitude et en l'absence de bon nombre des membres de la Chambre :

Il est résolu que cette Chambre est de tout point hostile au traité de réciprocité qu'on propose de conclure avec la France ;

Que nos représentants au Congrès seront invités à faire tous leurs efforts pour combattre tout traité de cette nature ;

Et qu'un Comité composé de cinq membres sera nommé par la Chambre, dans le but de réunir et de transmettre à nos représentants au Congrès, et aux diverses Chambres de commerce du pays, toutes les informations et tous les chiffres nécessaires pour mettre en évidence les funestes effets qu'un tel traité devra produire pour l'Etat de Californie.

Le bureau de la Chambre a désigné, pour faire partie de ce Comité : MM. C.-T. Fay, H.-B. Williams, W.-T. Coleman, J.-M. Scott et D.-J. Staples.

Cependant un résultat avait été obtenu ; un Comité de cinq membres avait été formé. Le délégué français s'en réjouit ; car il allait être plus facile de faire entendre les conseils de la science et du bon sens à cinq hommes spéciaux qu'à une assemblée tumultueuse et prévenue. M. Chotteau se rendit donc avec empressement au sein de ce Comité ; il expliqua ses vues et fit comprendre l'objet véritable de sa mission. Le Comité se rendit à ses raisons et formula les résolutions que voici :

RÉSOLUTIONS

Le Comité nommé le 13 juin 1879 par la Chambre de commerce de San-Francisco, après avoir entendu l'explication donnée par M. Léon Chotteau, comprend que la seule question qui soit en ce moment pendante entre le gouvernement français et celui des Etats-Unis est celle-ci : « Est-il, oui ou non, nécessaire d'améllorer les relations commerciales des deux pays, et comment peut-on remplir cet objet?

En conséquence, le Comité, mieux informé, a résolu :

D'étudier à fond, sans préjugé comme sans arrière-pensée, la question d'un traité de réciprocité à conclure avec la France, et de ne poursuivre d'autre but, dans cette étude, que de rechercher ce qui devra servir le mieux les intérêts de la Californie et ceux de la nation américaine.

Ce Comité s'est mis consciencieusement à cette étude, et M. Léon Chotteau se trouve ainsi avoir, dans la Chambre même de San-Francisco, des coopérateurs aussi résolus et aussi actifs que dans toutes les autres Chambres de commerce et tous les *Boards of Trade* des Etats-Unis.

X

BRIDGEPORT (Connecticut)

D'importantes résolutions ont été votées par le *Board of Trade* de Bridgeport (Connecticut). Les voici, telles que M. Léon Chotteau les a reçues à Philadelphie le 14 mars 1879 :

Au meeting du *Board of Trade* de Bridgeport, le 11 mars 1879, les résolutions suivantes ont été adoptées :

Résolu que le *Board of Trade* de Bridgeport pense que la politique des traités de commerce de réciprocité est commandée par les tendances libérales de l'époque et les principes de la véritable économie politique; qu'il serait surtout heureux de voir conclure avec une ancienne alliée et une République sœur un traité libéral et loyal;

Résolu que nous réclamons la nomination d'une commission composée de nos citoyens les plus compétents qui réunissent la sagesse et l'expérience de toutes les natures d'esprit et d'intérêts pour la préparation de ces traités qui reste l'un des devoirs les plus impérieux de notre gouvernement;

Résolu que nous recommandons à notre *National Board of Trade* d'adresser, pour la nomination d'une telle commission, une requête au Congrès des Etats-Unis.

« Pour copie conforme,

« R.-B. LACEY, *secrétaire*.

« Bridgeport, 12 mars 1879. »

XI

SAINT-PAUL (Minnesota)

La Chambre de commerce de Saint-Paul, — Etat de Minnesota, — a voté, le 5 mai dernier, les résolutions que voici :

RÉSOLUTIONS

Il est résolu que les remerciements de cette Chambre seront, par la présente, respectueusement offerts à M. Léon Chotteau, délégué du Comité français, pour la copie offerte par lui à la Chambre, du discours si intéressant qu'il a adressé, le 12 mars dernier, au *Board of Trade* des Etats-Unis, au sujet des relations commerciales de la France et des Etats-Unis ;

Que cette Chambre, représentant les intérêts commerciaux de la première cité de l'Etat de Minnesota, tant au point de vue industriel que sous le rapport politique, coopérera avec autant d'énergie que de cordialité avec les sociétés du même genre, dans cet Etat et dans les autres, dans le but d'assurer, au moyen d'un traité entre les deux nations, l'établissement d'un tarif permanent, sur la base d'une juste réciprocité ;

Que le président sera requis de communiquer une copie de ces résolutions à M. Léon Chotteau, par le moyen du *Board of Trade* des Etats-Unis.

<table>
<tr><td>*Le président,*</td><td>*Le secrétaire,*</td></tr>
<tr><td>Henry-H. SIBLEY</td><td>William-D. ROGERS.</td></tr>
</table>

XII

RICHMOND (Virginie)

Approuvant les conclusions favorables de la commission chargée de l'étude du projet de traité, la Chambre de commerce de Richmond a voté, le 11 juin dernier, la résolution suivante, proposée par M. C.-D. Hill, rapporteur, et soutenue par M. Potts :

RÉSOLUTION

Considérant que M. Léon Chotteau, délégué d'un Comité français, composé de sénateurs, de députés et d'industriels influents, a exposé avec beaucoup de talent le désir des commerçants français de voir s'améliorer les relations commerciales des États-Unis et de la France ;

Que cette Chambre est disposée, de son côté, à appuyer de tout son pouvoir les efforts prudents que notre gouvernement pourra faire en vue d'améliorer et d'étendre nos relations commerciales,

Il est en conséquence résolu :

Que cette Chambre n'étant point en état d'exprimer une opinion quant aux bases de l'arrangement destiné à amener cette amélioration (une telle question s'adressant surtout à la législature nationale), nous demandons que le *National Board of Trade* soit requis d'appeler sur ce sujet l'attention du Congrès, dans le but d'obtenir de la législature l'action qui permettra d'atteindre le mieux possible la fin désirée.

La commission était composée de Charles-D. Hill, Lewis H. Blair, D. Tideman, S.-H. Hawes.

Sur la proposition de M. Hill, il a été décidé qu'une copie de la résolution serait envoyée au consul français, à M. Léon Chotteau, et au *National Board of Trade*.

La France est représentée à Richmond par un homme fort actif, très intelligent, M. G. de Sibourg, vice-consul.

M. de Sibourg nous a adressé, sur le tabac, une étude qui révèle plus d'un genre d'aptitudes, et que nous publierons prochainement.

CHARLESTON (Caroline du Sud)

Chambre de commerce

La Chambre de commerce de Charleston (Caroline du Sud) a reçu communication par son président, M. Tupper, d'une lettre de M. Léon Chotteau expliquant la mission dont il avait été chargé par une Commission commerciale franco-américaine, relativement à un traité de commerce entre les deux pays sur la base de la réciprocité. M. Tupper a lu également une lettre de plusieurs grands négociants de New-York, recommandant de considérer avec une très-sérieuse attention les propositions de M. Chotteau.

M. Prost, délégué de Charleston à la Convention commerciale à Paris, après avoir tracé l'historique du mouvement pour la propagation duquel M. Chotteau a été envoyé aux Etats-Unis, et après avoir résumé les inconvénients et les dommages résultant pour les deux pays des droits prohibitifs imposés par les tarifs actuels, a soumis les résolutions suivantes :

Résolu que, dans l'opinion de cette Chambre, un traité réciproque entre la France et les Etats-Unis, par lequel les produits et les manufactures de chaque pays puissent être librement échangés sans nuire aux intérêts de l'une ou l'autre République, est réclamé par les plus hautes considérations de bénéfice mutuel et de courtoisie internationale.

Résolu que cette Chambre donne sa cordiale sympathie à toutes mesures tendant à encourager des relations commerciales plus libres et plus étendues, et qu'elle coopérera plus spécialement à ce résultat, si les intérêts d'affaires de Charleston doivent profiter du traité franco-américain projeté.

Résolu que le Président nommera un Comité de cinq membres, auquel le sujet sera référé, pour faire une enquête et un rapport portant sur les informations additionnelles qu'il pourra obtenir relativement à la base dudit traité, et indiquant de quelle façon les intérêts de Charleston en seront probablement affectés.

M. Truy, consul de France, qui assistait à la réunion, a prononcé quelques paroles sur la demande qui lui en a été faite. Il a rappelé que le Comité n'a rien d'officiel, mais qu'il s'est organisé en France pour agir sur l'opinion publique. C'est aussi le but poursuivi en ce pays. Ce qu'on veut obtenir, c'est une manifestation de l'opinion raisonnée, éclairée par la discussion des divers groupes commerciaux, touchant les effets probables d'un traité de réciprocité.

Les résolutions présentées par M. Prost ont été adoptées, et le Comité d'enquête a été composé de MM. Prost, Gourdin, Hall, Tollas, et Klinck.

MOBILE (Alabama)

Chambre de commerce.

Le Président a soumis à la Chambre la lettre de M. Léon Chotteau, relative à un traité de commerce entre la France et les Etats-Unis; en conséquence, il a été

Résolu que la Chambre de commerce de Mobile, reconnaissant l'importance des traités de commerce avec les pays étrangers, invite respectueusement nos sénateurs et représentants au Congrès à user de leur influence pour avancer la négociation d'un traité de ce genre avec la France, à telles conditions qui seront jugées justes et équitables.

Signé : JOHN-J. WALKER,

Secrétaire.

TABLE DES MATIÈRES

PREMIÈRE CAMPAGNE

DEUXIÈME CAMPAGNE

RÉSULTATS OBTENUS

PARIS. IMP. DE LA PUBLICITÉ, 19, RUE D'ENGHIEN, REVERCHON ET A. VOLLET